웨스트민스터
대교리문답
Westminster Larger Catechism

웨스트민스터 대교리문답
Westminster Larger Catechism

옮긴이 | 박운섭
펴낸이 | 원성삼
표지 디자인 | 안은숙
펴낸곳 | 예영커뮤니케이션
초판 1쇄 발행 | 2024년 12월 3일
등록일 | 1992년 3월 1일 제2-1349호
주소 | 03128 서울특별시 종로구 대학로3길 29, 313호(연지동, 한국교회100주년기념관)
전화 | (02)766-8931
팩스 | (02)766-8934
이메일 | jeyoung_shadow@naver.com
ISBN 979-11-89887-88-9 (03230)

값 16,000원

 모든 인간은 하나님의 형상을 닮은 존귀한 존재입니다. 사람은 인종, 민족, 피부색, 문화, 언어에 관계없이 모두 다 존귀합니다. 예영커뮤니케이션은 이러한 정신에 근거해 모든 인간이 존귀한 삶을 사는 데 필요한 지식과 문화를 예수 그리스도의 사랑으로 보급함으로써 우리가 속한 사회에 기여하고자 합니다.

개혁신앙을 가르치고 배우기에 매우 유용한 도구

웨스트민스터 대교리문답

박운섭(Woonsup Park) 옮김

한ㅣ영ㅣ대ㅣ역

Westminster Larger Catechism

예영

글이 아니라 마음을 번역하다

송병주 목사 선한청지기교회

장성한 성도들과 신학생들을 위한 대교리문답을 한국 장로교단 중에 어디도 제대로 갖추지 못한 현실은 부끄러운 일입니다. 이것은 영국, 스코틀랜드, 그리고 아일랜드 최고 지성들이 매우 신중하게 선택한 단어와 문장구조로 되어 있어서 언어적 측면에서 쉽지 않았을 것입니다. 하지만, 언어적인 문제를 넘어 교회의 교사인 신학교와 교수 그리고 목회자들의 무관심 또한 한 요인이 아닐 수 없다고 여겨집니다.

이런 상황에 대한 문제의식과 필요를 발견한 박운섭 장로님의 헌신은 한국 장로교단 교회들의 평신도 지도자들과 신학생들을 위한 특별한 선물이라 여겨집니다. 최대한 원문에 맞게 번역하고, 그러면서도 더 깊은 연구와 고민을 위해 영어 원문과 한글 번역을 병기한 것은 장로님의 겸손한 성품과 학문적 성찰과 다음 세대의 발전을 위한 배려라 생각됩니다.

그래서 장로님의 번역을 읽는데, 후세대들을 향한 원저자들의 글이 아니라 마음을 느낍니다. 대교리문답을 읽는데 "이런 교리가 있었구나"라는 생각만큼, "이런 마음이었겠구나" 하는 생각이 들었습니다. 번역 속에 원저자들의 마음이 묻어 있었습니다. 1640년대 6년에 걸쳐 1,163회의 수도 없는 분과회의를 거치며 정리한 그분들의 땀과 눈물을 한글을 매개로 느낄 수 있었습니다. 과거의 문서가 아니라 오늘을 위한 신앙이 번역되었다는 생각이 들어, 읽는 내내 가슴이 벅찼습니다.

그 많은 종교개혁가들의 마음을 글로 읽는 특권을 누리시기 바랍니다. 많은 평신도 지도자들과 신학생들이 지식이 아니라 380년 전 그들의 신앙과 마음을 현재화하는 기쁨을 권해 봅니다. 대교리문답, 이전에는 제대로 된 역본이 없어서 문제였습니다. 이제는 제대로된 번역 앞에서 우리의 무관심이 걸림돌이 되지 않기를 바라는 마음으로 진지한 다독에 여러분을 초대합니다.

우리는 성경을 공백 속에서 읽지 않는다. 모두가 성경을 보는 관점을 가지고 있다. 교회 역사에서 보편적으로 검증되고 공인된 성경 해석의 관점, 즉 전통적인 교리에 무지할수록 성경을 이단적으로 왜곡할 수 있다. 그렇게 이단과 사이비가 창궐한 한국 교회 상황에서 교리교육의 붐이 일어나고 있다는 것은 매우 고무적인 일이다. 빛바랜 구시대의 산물로 취급받던 교리서들이 오늘날 신앙교육에도 적실한 지침으로 새롭게 조명받고 있다.

장로교회가 성경의 핵심진리를 가장 잘 정리한 표준문서로 채택하고 있는 웨스트민스터 신앙고백서와 소교리문답서는 많은 교회에서 활용되고 있다. 그에 비해 대교리문답은 그 내용이 세밀하고 방대하기에 도외시되는 경향이 있다.

이 교리서에 남다른 사랑과 열정을 가진 역자는 기존의 한글 번역본에 여러 오류가 있음을 발견하고 오랜 시간에 걸쳐 꼼꼼하고 치밀한 번역작업을 착수해서 완성품을 내놓았다. 대교리문답서의 문장은 매우 함축적이면서도 만연체이기에 번역하기가 여간 어려운 게 아닌데 역자는 원문의 의미를 최대한 직역하여 살리면서도 어색하지 않은 한국어 표현으로 옮기려고 애쓴 흔적이 곳곳에 묻어 있다. 한글 번역과 영어 원문이 함께 수록되어 독자 스스로 이런 사실을 확인할 수 있다. 이 번역으로 신앙의 선진이 남긴 귀한 유산의 가치가 한국에서도 빛을 발하기를 바란다.

박영돈 교수 고려신학대학원 교의학 명예교수

장로교회의 표준문서인 웨스트민스터 대교리문답은 소교리문답과 비교하면 많이 홀대를 당해온 것이 현실입니다. 지난 시절에 비하면, 신조와 교리의 부흥이라고 할만큼이나 관련 서적들이 많이 쏟아져 나오는 것은 너무나 반갑고 감사한 일이지만, 배우려는 분들이나 가르치려는 분들이 만나게 되는 가장 어려운 문제 중의 하나는 좋은 번역본의 부재였습니다. 이 문서가 현대 영어가 아닌 17세기의 영어로 작성되었을 뿐 아니라, 신학적으로 매우 정교하고 엄밀하게 쓰여진 문장들이다 보니 21세기의 한국 사람들에게 가독성 있는 우리말로 번역하는 일은 결코 쉬운 일은 아닙니다.

　　이런 상황에서 박운섭 장로님의 수고로 꼼꼼하게 수려한 우리말로 번역된 웨스트민스터 대교리문답을 보게 된 것은 크게 감사할 일이 아닐 수 없습니다. 이 웨스트민스터 대교리문답 번역서를 통해 우리의 믿는 도리를 가르치고 배우는 일이 한국 교회에 더 많아지기를 기대합니다. 웨스트민스터 소교리문답 만큼이나 교회의 성도들, 직분자들이 웨스트민스터 대교리문답을 통해 좀 더 심도 깊게 믿음의 도리를 궁구하는 일이 많아지면 좋겠습니다. 누구든지 더욱 밝히 그리고 깊이 알고자 하는 모든 성도들은 이 책을 통해 큰 유익을 누리게 될 것입니다.

　　무엇보다 전문 신학자나 목사가 아닌 공학자인 역자가 교회의 장로 직분을 받은 성도로서 이 책을 통해 보여준 하나님의 말씀에 대한 애정과 열망은 많은 성도들에게 큰 도전이 될 것입니다.

김형익 목사 벧샬롬교회

차례

❦ 머리말 ❦

이 책은 2021년에 미국에서 일인 주문형 인쇄로 출간한 웨스트민스터 대교리문답의 개정판입니다. 초판은 미국의 아마존(Amazon) 등의 온라인 서점에서 판매되기에 한국의 독자들이 쉽게 구입하기 어려운 점도 있고, 번역을 좀 더 다듬고 교정을 해야 할 필요성을 느끼고 있던 차에 이번에 예영커뮤니케이션을 통해 개정판을 출간하게 되었습니다. 개정판에서는 조판을 새롭게 하여 영어 원문은 왼쪽 짝수 페이지에, 한국어 번역은 오른쪽 홀수 페이지에 실어서 한 눈에 영어 원문과 한국어 번역을 비교하며 읽을 수 있게 하였고 초판에는 영어 원문에만 표시했던 각 문항의 증거구절들을 한국어 번역에도 수록하여 보다 쉽게 성경구절들을 찾아볼 수 있게 하였습니다.

1517년 마르틴 루터로부터 시작된 유럽에서의 종교개혁은 130년이 지난 1640년대 영국의 웨스트민스터 총회에서 그 정점을 이루고 이 총회가 작성한 웨스트민스터 표준문서들(교회정치, 예배모범, 신앙고백서, 대소교리문답)은 종교개혁이 남긴 가장 귀한 신앙유산이며 많은 개혁교회, 특히 장로교회의 표준문서가 되었습니다. 루터로부터 웨스트민스터 총회에 이르기까지의 종교개혁의 자세한 역사와 의미에 대해서는『특강 종교개혁사』(황희상 저, 흑곰북스)를 참조하시기 바랍니다.

1640년대 유럽과 영국 스코틀랜드의 격변하는 정치적, 종교적 상황에서 반쪽의 종교개혁이 진행되던 영국(성공회)과 장로교회가 건강하게 세워진 스코틀랜드가 하나의 공통된 신앙고백을 통해 두 나라의 교회가 연합을 도모한 웨스트민스터 총회를 영국의회가 소집한 것도, 또한 총회원들이 6년 가까이 1,163회에 걸친 전체회의와 수도 없는 분과회의를 하며 뜻을 모은 것도 전적인 하나님의 인도하심이었습니다. 영국 각 지역을 대표하는 목회자 121명과 의회 의원 30명에 더해 스코틀랜드 장로교회의 자문특사 8명이 함께 모여 작성한 웨스트민스터 표준문서들은 당대 영국의 최고의 영성과 지성을 가진 사람들의 집단지성의 집대성이었습니다. 그러나 안타깝게도 영국의 정치상황이 바뀌면서 1649년에 총회가 해산되었고 총회가 심혈을 기울여 작성한 이 표준문서들은 영국에서는 폐기됩니다. 그러나 스코틀랜드와 아일랜드에서는 웨스트민스터 신앙고백을 공식 신앙고백으로 채택하였고, 이후 (한국을 포함한) 전 세계의 장로교회에서 웨스트민스터 신앙고백과 대소교리문답을 성경을 제일 잘 요약한 문서로 인정하고 받아들입니다.

대소교리문답은 신앙고백서를 완성한 후 그 내용을 가르치기 위한 도구로 작성되었습니다. 교리문답이라고 번역되는 catechism은 질문과 대답 형식으로 교리를 교육하기 위해 작성된 문서들로 루터의 교리문답, 칼뱅의 교리문답, 하이델베르그 교리문답 등 많은 교리문답서들이 있습니다. 다른 대부분의 교리문답들은 한두 명의 저자에 의해 작성된 것이지만 웨스트민스터 대소교리문답은 앞에서 언급한 것처럼 수많은 사람들이 오랜 기간 모여서 의논하며 이루어낸 결과물입니다.

웨스트민스터 총회는 하나가 아닌 두 가지의 문답서를 작성했습니다.

대교리문답은 장성한 성도들과 목회자 후보생들을 대상으로 작성되었고, 소교리문답은 어린 신자들을 위해 암송할 것을 염두에 두고 작성되었습니다. 그렇기 때문에 소교리문답에 비해 대교리문답은 기독교 교리를 체계적이며 방대하게 담고 있으며 다양한 적용점과 실천적 명제들(말씀, 기도, 성찬, 세례)과 교회론에 대해서도 훨씬 자세하게 다룹니다. 따라서 대교리문답은 개인적으로 읽고 공부하기에 유익할 뿐 아니라 목회자들이 매주일 개혁신앙을 성도들에게 가르치기 위한 도구로도 매우 유용합니다. 특별히 (총 196문항 중) 59문항에 걸친 십계명 해설은 십계명에 대한 어떤 주석들보다 뛰어난 주해를 제공합니다. 개인적으로 이 부분을 읽으면 내가 왜 십계명의 어느 한 부분도 제대로 지키지 못하는 죄인인지, 왜 나에게 구원을 주시는 중보자가 필요한지를 처절하게 깨닫게 됩니다.

한동안 등한시되었던 기독교 교리 교육에 대한 관심이 최근 한국 교계에서 다시 일어나고 있는 것은 매우 고무적인 일입니다. 그러나 웨스트민스터 신앙고백과 소교리문답에 비해 대교리문답은 상대적으로 홀대를 받고 있습니다. 성인들을 대상으로 한 장로교회들의 교리교육도 소교리문답에 그치는 경우가 많습니다. 여러 가지 이유가 있겠지만 믿을만한 대교리문답 한국어 번역본이 없다는 것도 한 가지 이유일 것이라 생각됩니다. 제가 개인적으로 4년 전에 대교리문답을 깊이 읽고 묵상하려고 결심한 후 살펴보니 한국의 어떤 장로교단에서도 공인된 대교리문답서 번역을 찾을 수 없었고 기존에 출간된 번역본들(인터넷 포함)은 여러 부분에서 번역이 잘못되어 있음을 발견했습니다. 이에 부족하지만 개인적으로 대교리문답을 매일 한두 문항씩 직접 번역하여 저의 소셜 미디어(social media)인 페이스북(facebook)에 올리게 되었고, 책으로까지 출간하게 되었습니다.

약 380년 전 영국, 스코틀랜드, 아일랜드의 최고의 지성들이 모여 장시간 토의하며 작성한 대교리문답은 문장구조와 단어 선택도 매우 신중하게 작성되었기에, 이를 번역함에 있어 한국어 표현이 어색하지 않는 한 되도록이면 문자적인 번역을 하려고 했습니다. 그러나 때로는 현대 영어 용법과는 많이 다른 부분들도 있고, 고대 영어 문장의 특성상 매우 길게 이어지는 부분들도 있어 번역이 쉽지는 않았습니다. 제가 보기에 기존의 한국어 번역본들에 오류들이 여러 군데 있는 이유입니다.

제 번역이 유일한 표준번역이 될 수는 없기에 영어 원본도 함께 수록하여 독자들이 스스로 영어와 한국어로 번갈아 읽으며 비교할 수 있게 했습니다. 그리고 원문 작성자들이 직접 제공한 각 문항들의 증거 성경 구절들을 하나하나 찾아가며 읽는다면 더욱 명확하게 원저자들이 의도한 참뜻을 밝히 깨달을 수 있을 것입니다.

출애굽기 20장에 나오는 십계명은 표준새번역의 번역을 인용했습니다. 다만 새번역에서 하나님의 이름 '여호와'를 단순히 '주'라고 번역하였기에 '여호와'의 이름을 병기하는 것이 필요한 부분에서는 '주(여호와)'라고 표현했습니다. 그러나 마태복음 6장과 누가복음 11장의 주기도문의 내용은 많은 성도들이 이미 암송하고 있기에 개역개정판 성경을 인용했습니다.

저의 책이, 한국 성도들이 그동안 묻혀있던 대교리문답의 진가를 재발견하고 진리 가운데 굳건히 서게 되는데 미력이나마 도움이 되기를 소망합니다. 끝으로 부족한 제 번역서를 꼼꼼히 살피고 추천사를 써 주신 송병주 목사님, 박영돈 교수님, 김형익 목사님께 깊은 감사를 드립니다.

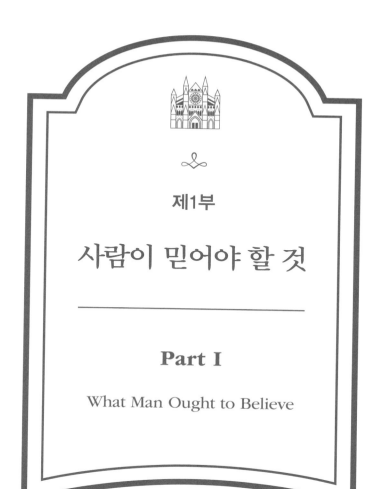

제1부

사람이 믿어야 할 것

Part I

What Man Ought to Believe

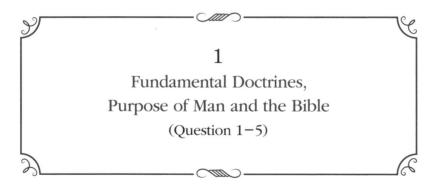

1
Fundamental Doctrines,
Purpose of Man and the Bible
(Question 1–5)

Q 1. What is the chief and highest end of man?

A. Man's chief and highest end is to glorify God, and fully to enjoy him for ever.

Rom. 11:36; 1Cor. 10:31; Ps. 73:24-28; John 17:21-23

Q 2. How doth it appear that there is a God?

A. The very light of nature in man, and the works of God, declare plainly that there is a God; but his Word and Spirit only, do sufficiently and effectually reveal him unto men for their salvation.

Rom. 1:19-20; Ps. 19:1-3; Acts 17:28; 1Cor. 2:9-10; 2Tim. 3:15-17;
Isa. 59:21

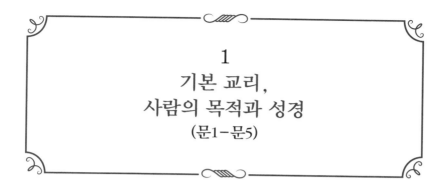

1
기본 교리,
사람의 목적과 성경
(문1-문5)

문 1. 사람의 주요하고 가장 높은 목적은 무엇인가?

답. 사람의 주요하고 가장 높은 목적은 하나님을 영화롭게 하고,[1] 그를 영원토록 온전히 즐거워하는 것이다.[2]

1) 롬 11:36; 고전 10:31 2) 시 73:24-28; 요 17:21-23

문 2. 하나님이 계시다는 것이 어떻게 드러나는가?

답. 사람 안에 있는 자연의 참된 빛과 하나님이 지으신 작품들이 하나님이 계시다는 것을 명백하게 선포한다.[1] 그러나 오직 하나님의 말씀과 성령만이 사람들을 구원에 이르도록 충분하고 유효하게 하나님을 드러내 보이신다.[2]

1) 롬 1:19-20; 시 19:1-3; 행 17:28
2) 고전 2:9-10; 딤후 3:15-17; 사 59:21

Q 3. What is the Word of God?

A. The Holy Scriptures of the Old and New Testaments are the Word of God, the only rule of faith and obedience.

2Tim. 3:16; 2Pet. 1:19-21; Eph. 2:20; Rev. 22:18-19; Isa. 8:20;

Luke 16:29, 31; Gal. 1:8-9; 2Tim. 3:15-16

Q 4. How doth it appear that the Scriptures are the Word of God?

A. The Scriptures manifest themselves to be the Word of God, by their majesty and purity; by the consent of all the parts, and the scope of the whole, which is to give all glory to God; by their light and power to convince and convert sinners, to comfort and build up believers unto salvation: but the Spirit of God bearing witness by and with the Scriptures in the heart of man, is alone able fully to persuade it that they are the very Word of God.

Hos. 8:12; 1Cor. 2:6-7, 13; Ps. 119:18, 129; Ps. 12:6; Ps. 119:140;

Acts 10:43; Acts 26:22; Rom. 3:19, 27; Acts 18:28; Heb. 4:12; Jas. 1:18;

Ps. 19:7-9; Rom. 15:4; Acts 20:32; John 16:13-14; 1John 2:20, 27;

John 20:31

Q 5. What do the Scriptures principally teach?

A. The Scriptures principally teach, what man is to believe concerning God, and what duty God requires of man.

2Tim. 1:13

문 3. 하나님의 말씀은 무엇인가?

답. 구약과 신약 성경이 하나님의 말씀이며[1] 믿음과 순종의 유일한 법칙이다.[2]

1) 딤후 3:16; 벧후 1:19–21
2) 엡 2:20; 계 22:18–19; 사 8:20; 눅 16:29, 31; 갈 1:8–9; 딤후 3:15–16

문 4. 성경이 하나님의 말씀이라는 것이 어떻게 드러나는가?

답. 성경의 장엄함과[1] 순수함,[2] 모든 부분의 일관성과[3] 모든 영광을 하나님께 돌리는 성경 전체의 의도,[4] 죄인들을 설득시켜 변화시키고 믿는 자들을 구원에 이르도록 위로하고 세우는 성경의 빛과 권능에 의해 성경이 하나님의 말씀임을 성경 자체가 나타낸다.[5] 그러나 사람의 마음 속에서 성경과 함께 또 성경으로 말미암아 증거하시는 하나님의 성령만이 성경이 바로 하나님의 말씀임을 온전히 설득시키실 수 있다.[6]

1) 호 8:12; 고전 2:6–7, 13; 시 119:18, 129   2) 시 12:6; 시 119:140
3) 행 10:43; 행 26:22   4) 롬 3:19, 27
5) 행 18:28; 히 4:12; 약 1:18; 시 19:7–9; 롬 15:4; 행 20:32
6) 요 16:13–14; 요일 2:20, 27; 요 20:31

문 5. 성경은 무엇을 주요하게 가르치는가?

답. 성경이 주요하게 가르치는 것은 사람이 하나님에 대해 무엇을 믿을 것인가와 하나님께서는 사람에게 무슨 의무를 요구하시는가이다.

딤후 1:13

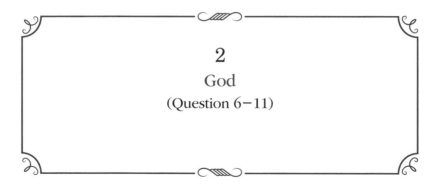

2
God
(Question 6−11)

Q 6. What do the Scriptures make known of God?

A. The Scriptures make known what God is, the persons in the Godhead, his decrees, and the execution of his decrees.

Heb. 11:6; 1John 5:7; Acts 15:14-15, 18; Acts 4:27-28

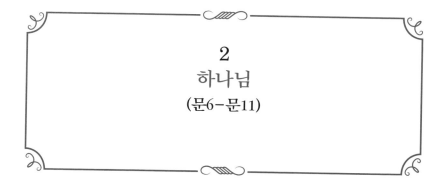

2
하나님
(문6-문11)

문 6. 성경은 하나님에 대해 무엇을 알려주는가?

답. 성경은 하나님이 무엇인지,[1] 한 신격 안에 있는 위격들과[2] 하나님의 작정과[3] 그 작정을 어떻게 이루시는지를 알려준다.[4]

1) 히 11:6
2) 요일 5:7 (KJV 본문 "For there are three that bear record in heaven, the Father, the Word, and the Holy Ghost: and these three are one")
3) 행 15:14–15, 18   4) 행 4:27–28

Q 7. What is God?

A. God is a Spirit, in and of himself infinite in being, glory, bless-
edness, and perfection; all-sufficient, eternal, unchangeable,
incomprehensible, everywhere present, almighty, knowing all
things, most wise, most holy, most just, most merciful and gra-
cious, long-suffering, and abundant in goodness and truth.

John 4:24; Ex. 3:14; Job 11:7-9; Acts 7:2; 1Tim. 6:15; Matt. 5:48; Gen. 17:1;

Ps. 90:2; Mal. 3:6; Jas. 1:17; 1Kings 8:27; Ps. 139:1-13; Rev. 4:8; Heb. 4:13;

Ps. 147:5; Rom. 16:27; Isa. 6:3; Rev. 15:4; Deut. 32:4; Ex. 34:6

Q 8. Are there more Gods than one?

A. There is but one only, the living and true God.

Deut. 6:4; 1Cor. 8:4, 6; Jer. 10:10

Q 9. How many persons are there in the Godhead?

A. There be three persons in the Godhead, the Father, the Son,
and the Holy Ghost: and these three are one true, eternal God,
the same in substance, equal in power and glory; although
distinguished by their personal properties.

1John 5:7; Matt. 3:16-17; Matt. 28:19; 2Cor. 13:14; John 10:30

문 7. 하나님은 무엇인가?

답. 하나님은 영이신데,[1] 그분 자체가 스스로 존재와[2] 영광과[3] 복되심과[4] 완전하심이[5] 자신 안에서 무한하시며, 자족하시며[6] 영원하시고[7] 불변하시며[8] 우리의 이해를 초월하시며[9] 편재하시며[10] 전능하시고[11] 전지하시며[12] 지극히 지혜로우시며[13] 지극히 거룩하시며[14] 가장 의로우시고[15] 지극히 자비롭고 은혜로우시며 오래 참으시며 선하심과 진리가 풍성하신 분이시다.[16]

1) 요 4:24 2) 출 3:14; 욥 11:7–9 3) 행 7:2 4) 딤전 6:15 5) 마 5:48
6) 창 17:1 7) 시 90:2 8) 말 3:6; 약 1:17 9) 왕상 8:27
10) 시 139:1–13 11) 계 4:8 12) 히 4:13; 시 147:5 13) 롬 16:27
14) 사 6:3; 계 15:4 15) 신 32:4 16) 출 34:6

문 8. 하나님은 한 분 이상이 계시는가?

답. 살아 계시고 참된 하나님 오직 한 분만이 계신다.

신 6:4; 고전 8:4, 6; 렘 10:10

문 9. 한 하나님 안에 몇 위격이 있는가? (하나님의 신격에는 몇 위가 있는가?)

답. 한 하나님 안에 세 위격이 있으니 성부, 성자, 성령이시다. 비록 이 위격체들은 각 위격적 특성으로 구별되지만, 이 삼위는 같은 실체와 동등한 권능과 영광을 가진 하나의 참되고 영원하신 하나님이시다.

요일 5:7; 마 3:16–17; 마 28:19; 고후 13:13; 요 10:30

Q 10. What are the personal properties of the three persons in the Godhead?

A. It is proper to the Father to beget the Son, and to the Son to be begotten of the Father, and to the Holy Ghost to proceed from the Father and the Son from all eternity.

Heb. 1:5-6, 8; John 1:14, 18; John 15:26; Gal. 4:6

Q 11. How doth it appear that the Son and the Holy Ghost are God equal with the Father?

A. The Scriptures manifest that the Son and the Holy Ghost are God equal with the Father, ascribing unto them such names, attributes, works, and worship, as are proper to God only.

Isa. 6:3, 5, 8; John 12:41; Acts 28:25; 1John 5:20; Acts 5:3-4; John 1:1; Isa. 9:6; John 2:24-25; 1Cor. 2:10-11; Col. 1:16; Gen. 1:2; Matt. 28:19; 2Cor. 13:14

문 10. 하나님의 삼위가 가진 각각의 개별적 특성은 무엇인가?

답. 영원 전부터, 성부는 성자를 낳으시고,[1] 성자는 성부로부터 나셨고[2] 성령은 성부와 성자로부터 발출하신다.[3]

> 1) 히 1:5-6, 8 2) 요 1:14, 18 3) 요 15:26; 갈 4:6

문 11. 성자와 성령이 성부와 동등하신 하나님이라는 것이 어떻게 나타나는가?

답. 성경은 오직 하나님에게만 합당한 이름,[1] 속성,[2] 사역,[3] 예배를[4] 성자와 성령께도 돌림으로 성자와 성령이 성부와 동등한 하나님이시라는 것을 분명히 나타낸다.

> 1) 사 6:3, 5, 8; 요 12:41; 행 28:25; 요일 5:20; 행 5:3-4
> 2) 요 1:1; 사 9:6; 요 2:24-25; 고전 2:10-11 3) 골 1:16; 창 1:2
> 4) 마 28:19; 고후 13:13

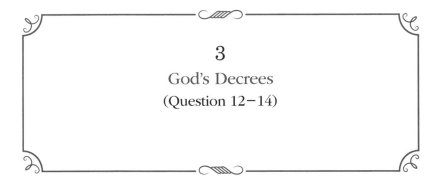

3
God's Decrees
(Question 12−14)

Q 12. What are the decrees of God?

A. God's decrees are the wise, free, and holy acts of the counsel of his will, whereby, from all eternity, he hath, for his own glory, unchangeably fore-ordained whatsoever comes to pass in time, especially concerning angels and men.

Eph. 1:11; Rom. 11:33; Rom. 9:14-15, 18; Eph. 1:4, 11; Rom. 9:22-23; Ps. 33:11

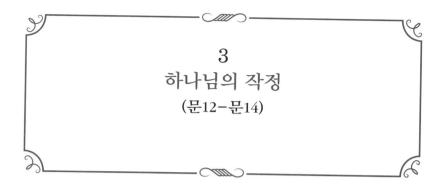

3
하나님의 작정
(문12-문14)

문 12. 하나님의 작정은 무엇인가?

답. 하나님의 작정은 자기 뜻대로 계획하신 지혜로우며 자유롭고 거룩
하신 행위이신데,[1] 이로 말미암아 영원 전부터 자신의 영광을 위해
일어나는 모든 일들, 특히 천사와 사람에 대한 일들을 불변하게 미
리 정하신 것이다.[2]

1) 엡 1:11; 롬 11:33; 롬 9:14-15, 18
2) 엡 1:4, 11; 롬 9:22-23; 시 33:11

Q 13. What hath God especially decreed concerning angels and men?

A. God, by an eternal and immutable decree, out of his mere love, for the praise of his glorious grace, to be manifested in due time, hath elected some angels to glory; and in Christ hath chosen some men to eternal life, and the means thereof: and also according to his sovereign power, and the unsearchable counsel of his own will, (whereby he extendeth or withholdeth favor as he pleaseth), hath passed by, and fore-ordained the rest to dishonor and wrath, to be for their sin inflicted, to the praise of the glory of his justice.

1Tim. 5:21; Eph. 1:4-6; 2Thess. 2:13-14; Rom. 9:17-18, 21-22;
Matt. 11:25-26; 2Tim. 2:20; Jude 1:4; 1Pet. 2:8

Q 14. How doth God execute his decrees?

A. God executeth his decrees in the works of creation and providence, according to his infallible fore-knowledge, and the free and immutable counsel of his own will.

Eph. 1:11

문 13. 하나님이 천사와 사람에 대해 특별히 작정하신 것은 무엇인가?

답. 하나님께서는 단지 사랑하시기에, 영원하고 불변하신 작정하심으로, 때가 되면 나타날 그의 영광스러운 은혜를 찬송하게 하시려고, 어떤 천사들을 영광에 이르도록 선택하셨고,[1] 그리스도 안에서 어떤 사람들을 영생에 이르도록 선택하시되 그 방법까지 정하셨다.[2] 또한 그의 주권과 측량할 수 없는 자신의 뜻에 따라 (그 기쁘신 뜻에 따라 하나님은 은총을 주시기도, 거두기도 하시는데) 나머지 사람들은 버려두사 자신들의 죄로 인해, 수치와 분노에 처하도록 미리 정하심으로, 하나님의 공의의 영광이 찬양받도록 하셨다.[3]

1) 딤전 5:21   2) 엡 1:4-6; 살후 2:13-14
3) 롬 9:17-18, 21-22; 마 11:25-26; 딤후 2:20; 유 1:4; 벧전 2:8

문 14. 하나님은 어떻게 자신의 작정을 이루시는가?

답. 하나님은 자신의 틀릴 수 없는 예지와 자유롭고 불변하는 자신의 뜻에 따라 창조하시고 섭리하심으로 자신의 작정을 이루신다.

엡 1:11

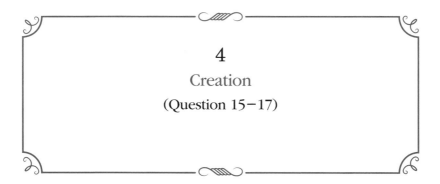

4

Creation

(Question 15−17)

Q 15. What is the work of creation?

A. The work of creation is that wherein God did in the beginning, by the word of his power, make of nothing the world, and all things therein, for himself, within the space of six days, and all very good.

Gen. 1; Heb. 11:3; Prov. 16:4

Q 16. How did God create angels?

A. God created all the angels spirits, immortal, holy, excelling in knowledge, mighty in power, to execute his commandments, and to praise his name, yet subject to change.

Col. 1:16; Ps. 104:4; Matt. 22:30; Matt. 25:31; 2Sam. 14:17; Matt. 24:36; 2Thess. 1:7; Ps. 103:20-21; 2Pet. 2:4

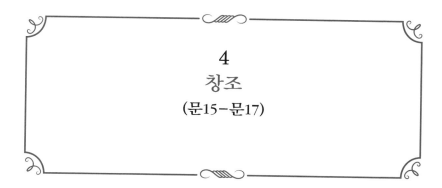

4
창조
(문15-문17)

문 15. 창조라는 일은 무엇인가?

답. 창조의 일이란 하나님께서 태초에 권능의 말씀으로 아무것도 없는 가운데 세상과 그 안의 만물을, 자신을 위하여, 엿새 동안에 만드신 것인데, 그 지으신 모든 것이 매우 좋았다.

창 1; 히 11:3; 잠 16:4

문 16. 하나님은 천사들을 어떻게 창조하셨는가?

답. 하나님은 모든 천사들을[1] 영들로서,[2] 죽지 않으며,[3] 거룩하고,[4] 지식에 탁월하며,[5] 큰 권능을[6] 가진 존재로 창조하셔서 하나님의 명령을 수행하고 하나님의 이름을 찬양하게 하셨지만,[7] 변할 수도 있게 하셨다.[8]

1) 골 1:16   2) 시 104:4   3) 마 22:30   4) 마 25:31
5) 삼하 14:17; 마 24:36   6) 살후 1:7   7) 시 103:20-21   8) 벧후 2:4

Q 17. How did God create man?

A. After God had made all other creatures, he created man, male and female; formed the body of the man of the dust of the ground, and the woman of the rib of the man; endued them with living, reasonable, and immortal souls; made them after his own image, in knowledge, righteousness and holiness, having the law of God written in their hearts and power to fulfill it, with dominion over the creatures; yet subject to fall.

Gen. 1:27; Gen. 2:7; Gen. 2:22; Gen. 2:7; Job 35:11; Ecc. 12:7; Matt. 10:28; Luke 23:43; Gen. 1:27; Col. 3:10; Eph. 4:24; Rom. 2:14-15; Ecc. 7:29; Gen. 1:28; Gen. 3:6; Ecc. 7:29

문 17. 하나님은 사람을 어떻게 창조하셨는가?

답. 다른 모든 피조물들을 만드신 후에, 하나님은 사람을 남자와 여자로 창조하셨는데,[1] 남자의 몸은 땅의 먼지를 가지고,[2] 여자는 남자의 갈비뼈로 지으셨다.[3] 그리고 그들에게 살아있고 이성적이며 죽지 않는 영혼을 주시며,[4] 그들에게 하나님의 형상을 따라[5] 지식과[6] 공의와 거룩함을[7] 주시며 하나님의 법을 그들의 마음에 새기시고[8] 그 법을 지킬 수 있는 능력도 주시며[9] 다른 피조물을 다스리도록,[10] 그러나 타락할 수도 있게[11] 창조하셨다.

1) 창 1:27   2) 창 2:7   3) 창 2:22
4) 창 2:7; 욥 35:11; 전 12:7; 마 10:28; 눅 23:43   5) 창 1:27
6) 골 3:10   7) 엡 4:24   8) 롬 2:14-15   9) 전 7:29   10) 창 1:28
11) 창 3:6; 전 7:29

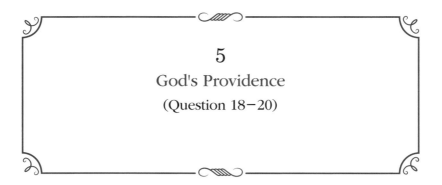

5
God's Providence
(Question 18−20)

Q 18. What are God's works of providence?

A. God's works of providence are his most holy, wise, and powerful preserving, and governing all his creatures; ordering them, and all their actions, to his own glory.

Ps. 145:17; Ps. 104:24; Isa. 28:29; Heb. 1:3; Ps. 103:19; Matt. 10:29-31; Gen. 45:7; Rom. 11:36; Isa. 63:14

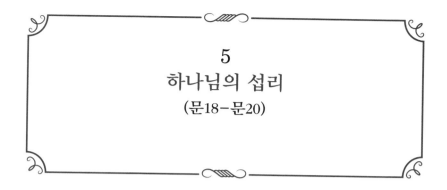

5
하나님의 섭리
(문18-문20)

문 18. 하나님의 섭리사역이란 무엇인가?

답. 하나님의 섭리사역이란 가장 거룩하고[1] 지혜롭고[2] 강력하게 그의 모든 피조물들을 보존하고[3] 통치하시는 것으로,[4] 자신의 영광을 위해[5] 모든 피조물과 그들의 행위를 명하시는 것이다.[6]

1) 시 145:17 2) 시 104:24; 사 28:29 3) 히 1:3 4) 시 103:19
5) 마 10:29-31; 창 45:7 6) 롬 11:36; 사 63:14

Q 19. What is God's providence toward the angels?

A. God by his providence permitted some of the angels, willfully and irrecoverably, to fall into sin and damnation, limiting and ordering that, and all their sins, to his own glory; and established the rest in holiness and happiness; employing them all, at his pleasure, in the administrations of his power, mercy, and justice.

Jude 1:6; 2Pet. 2:4; Heb. 2:16; John 8:44; Job 1:12; Matt. 8:31; 1Tim. 5:21; Mark 8:38; Heb. 12:22; Ps. 104:4; 2Kings 19:35; Heb. 1:14

Q 20. What was the providence of God toward man in the estate in which he was created?

A. The providence of God toward man in the estate in which he was created, was the placing him in paradise, appointing him to dress it, giving him liberty to eat of the fruit of the earth; putting the creatures under his dominion, and ordaining marriage for his help; affording him communion with Himself; instituting the Sabbath; entering into a covenant of life with him, upon condition of personal, perfect, and perpetual obedience, of which the tree of life was a pledge; and forbidding to eat of the tree of knowledge of good and evil, upon the pain of death.

Gen. 2:8, 15-16; Gen. 1:28; Gen. 2:18; Gen. 1:26-29; Gen. 3:8; Gen. 2:3; Gal. 3:12; Rom. 10:5; Gen. 2:9, 17

문 19. 천사들에 대한 하나님의 섭리는 무엇인가?

답. 하나님께서는 그의 섭리로 어떤 천사들은 자기들의 의지로 돌이킬 수 없는 죄와 멸망에 떨어지게 허락하셨고,[1] 하나님 자신의 영광을 위해 그들의 모든 죄를 제한하시기도, 명하시기도 하신다.[2] 나머지 천사들은 거룩하고 행복하게 세우셔서,[3] 그들 모두를[4] 자신의 기쁘신 뜻에 따라 그의 권능과 긍휼과 공의의 집행을 위해 사용하신다.[5]

1) 유 1:6; 벧후 2:4; 히 2:16; 요 8:44   2) 욥 1:12; 마 8:31
3) 딤전 5:21; 막 8:38; 히 12:22   4) 시 104:4   5) 왕하 19:35; 히 1:14

문 20. 사람이 창조된 상태에 있었을 때 하나님의 사람에 대한 섭리는 무엇이었나?

답. 사람이 창조된 상태에 있었을 때 하나님의 사람에 대한 섭리는, 사람을 낙원에 두시고 그것을 가꾸게 하시며, 땅의 과실을 마음대로 먹게 하셨고,[1] 모든 피조물을 그의 통치 아래 두시고,[2] 돕는 배필과 결혼을 제정하시고,[3] 하나님 자신과 교통할 수 있게 하시고,[4] 안식일을 정하시고,[5] 인격적이며 온전하고 영속적인 순종을 조건으로[6] 생명나무를 보증으로 그와 생명의 언약을 맺으셨고,[7] 선악을 알게 하는 나무 열매를 먹는 것을 죽음의 고통으로 금하신 것이었다.[8]

1) 창 2:8, 15–16   2) 창 1:28   3) 창 2:18   4) 창 1:26–29; 창 3:8
5) 창 2:3   6) 갈 3:12; 롬 10:5   7) 창 2:9   8) 창 2:17

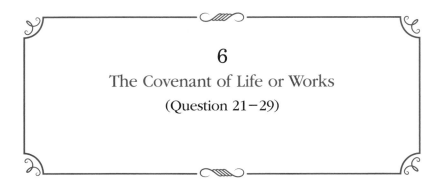

6
The Covenant of Life or Works
(Question 21−29)

Q 21. Did man continue in that estate wherein God at first created him?

A. Our first parents being left to the freedom of their own will, through the temptation of Satan, transgressed the commandment of God, in eating the forbidden fruit, and thereby fell from the estate of innocency wherein they were created.

Gen. 3:6-8, 13; Ecc. 7:29; 2Cor. 11:3

Q 22. Did all mankind fall in that first transgression?

A. The covenant being made with Adam, as a public person, not for himself only, but for his posterity; all mankind descending from him by ordinary generation, sinned in him, and fell with him in that first transgression.

Acts 17:26; Gen. 2:16-17; Rom. 5:12-20; 1Cor. 15:21-22

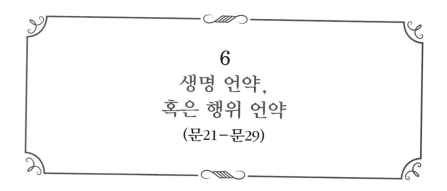

6
생명 언약,
혹은 행위 언약
(문21-문29)

문 21. 사람은 하나님이 처음 창조하신 상태에 그대로 있었는가?

답. 자신의 의지의 자유에 놓여진 우리의 첫 부모는, 사탄의 유혹으로 하나님의 계명을 어기고 금지된 열매를 먹음으로 창조 받은 무죄 상태에서 타락하였다.

창 3:6-8, 13; 전 7:29; 고후 11:3

문 22. 모든 인류가 그 처음 죄 안에서 타락하였는가?

답. 아담과의 언약은 아담 자신뿐 아니라 그의 모든 후손을 대표하는 공인으로서 맺었기에, 보통의 출생으로 그로부터 나온 모든 인류는[1] 아담 안에서 범죄하여 그와 함께 그 첫 범죄 안에서 타락하였다.[2]

1) 행 17:26   2) 창 2:16-17; 롬 5:12-20; 고전 15:21-22

Q 23. Into what estate did the fall bring mankind?

A. The fall brought mankind into an estate of sin and misery.

Rom. 5:12; Rom. 3:23

Q 24. What is sin?

A. Sin is any want of conformity unto, or transgression of, any law of God, given as a rule to the reasonable creature.

1John 3:4; Gal. 3:10, 12

Q 25. Wherein consists the sinfulness of that estate whereinto man fell?

A. The sinfulness of that estate whereinto man fell, consists in the guilt of Adam's first sin, the want of that righteousness wherein he was created, and the corruption of his nature, whereby he is utterly indisposed, disabled, and made opposite unto all that is spiritually good, and wholly inclined to all evil, and that continually; which is commonly called Original Sin, and from which do proceed all actual transgressions.

Rom. 5:12, 19; Rom. 3:10-19; Eph. 2:1-3; Rom. 5:6; Rom. 8:7-8; Gen. 6:5; Jas. 1:14-15; Matt. 15:19

문 23. 그 타락으로 인류는 어떤 상태에 이르렀나?

답. 그 타락으로 인류는 죄와 비참의 상태에 이르렀다.

롬 5:12; 롬 3:23

문 24. 죄는 무엇인가?

답. 죄는 이성적인 피조물에게 법칙으로 주신 하나님의 어떤 율법이라
도 지키는 데 조금이라도 부족하거나 어기는 것이다.

요일 3:4; 갈 3:10, 12

문 25. 사람이 타락한 그 상태에서의 죄성은 무엇으로 구성되었나?

답. 사람이 타락한 상태에서의 죄성은 아담의 첫 범죄의 죄책,[1] 그가
처음 창조되었을 때 가졌던 공의의 결핍, 그의 성품의 부패와 이
들로 인해 모든 영적인 선한 것을 싫어하며, 행할 능력도 없고, 거
역하며, 모든 악을 향하여 전적으로, 또 지속적으로 기울어지게 되
는,[2] 우리가 보통 원죄라 일컫는 죄와, 원죄로부터 흘러나오는 모
든 실제적인 죄(본죄)로 구성된다.[3]

1) 롬 5:12, 19 2) 롬 3:10–19; 엡 2:1–3; 롬 5:6; 롬 8:7–8; 창 6:5
3) 약 1:14–15; 마 15:19

Q 26. How is original sin conveyed from our first parents unto their posterity?

A. Original sin is conveyed from our first parents unto their posterity by natural generation, so as all that proceed from them in that way are conceived and born in sin.

Ps. 51:5; Job 14:4; Job 15:14; John 3:6

Q 27. What misery did the fall bring upon mankind?

A. The fall brought upon mankind the loss of communion with God, his displeasure and curse; so as we are by nature children of wrath, bond slaves to Satan, and justly liable to all punishments in this world and that which is to come.

Gen. 3:8, 10, 24; Eph. 2:2-3; 2 Tim. 2:26; Gen. 2:17; Lam. 3:39; Rom. 6:23; Matt. 25:41, 46; Jude 1:7

Q 28. What are the punishments of sin in this world?

A. The punishments of sin in this world, are either inward, as blindness of mind, a reprobate sense, strong delusions, hardness of heart, horror of conscience, and vile affections: or outward, as the curse of God upon the creatures for our sake; and all other evils that befall us in our bodies, names, estates, relations, and employments; together with death itself.

Eph. 4:18; Rom. 1:28; 2Thess. 2:11; Rom. 2:5; Isa. 33:14; Gen. 4:13; Matt. 27: 4; Rom. 1:26; Gen. 3:17; Deut. 28:15-68; Rom. 6:21, 23

문 26. 원죄는 어떻게 인류의 첫 부모로부터 그들의 후손에게 전해지는 가?

답. 원죄는 인류의 첫 부모로부터 자연적으로 출생한 모든 그들의 후손들에게 전해지기에 이런 방법으로 그들에게서 나온 모든 사람들은 다 첫 부모의 죄 안에서 잉태되고 태어난다.

시 51:5; 욥 14:4; 욥 15:14; 요 3:6

문 27. 타락은 인류에게 어떤 비참함을 가져왔는가?

답. 타락은 인류에게 하나님과의 교통의 단절과,[1] 그의 불쾌감과 저주를 가져옴으로; 우리는 본질상 진노의 자녀요[2] 사탄에 매인 종이며,[3] 이생과 장차 올 세상의 모든 형벌을 받아 마땅하다.[4]

1) 창 3:8, 10, 24   2) 엡 2:2-3   3) 딤후 2:26
4) 창 2:17; 애 3:39; 롬 6:23; 마 25:41, 46; 유 1:7

문 28. 이 세상에서 받는 죄에 대한 벌은 무엇인가?

답. 이 세상에서 받는 죄에 대한 벌은 내적으로는 마음이 몽매해짐과,[1] 타락한 지각,[2] 강한 망상,[3] 완악해진 가슴,[4] 양심의 공포와[5] 정욕에 사로잡히는 것이며,[6] 외적으로는 우리 때문에 모든 피조물에 하나님의 저주가 임하므로,[7] 죽음 그 자체와 함께,[8] 우리의 몸과 이름, 신분, 관계, 직업 등에 임하는 모든 악[9]이다.

1) 엡 4:18   2) 롬 1:28   3) 살후 2:11   4) 롬 2:5
5) 사 33:14; 창 4:13; 마 27:4   6) 롬 1:26   7) 창 3:17   8) 롬 6:21, 23
9) 신 28:15-68

Q 29. What are the punishments of sin in the world to come?

A. The punishments of sin in the world to come, are everlasting separation from the comfortable presence of God, and most grievous torments in soul and body, without intermission, in hell-fire for ever.

2Thess. 1:9; Mark 9:43-44, 46, 48; Luke 16:24

문 29. 오는 세상에서 받게 될 죄에 대한 벌은 무엇인가?

답. 오는 세상에서 받게 될 죄에 대한 벌은, 위로를 주시는 하나님의 임재로부터 영원히 분리됨과, 영원히 지옥불에서 끊임없이 영혼과 몸이 가장 극심한 고통을 받는 것이다.

살후 1:9; 막 9:43-44, 46, 48; 눅 16:24(한글 성경에는 마가복음 9장 44절과 46절은 '(없음)'이라고 표시되었지만, KJV에는 44절과 46절에 48절과 같은 표현이 반복된다.)

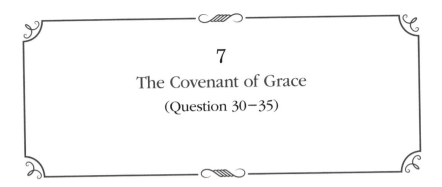

7
The Covenant of Grace
(Question 30—35)

Q 30. Does God leave all mankind to perish in the estate of sin and misery?

A. God does not leave all men to perish in the estate of sin and misery, into which they fell by the breach of the first covenant, commonly called the Covenant of Works; but of his mere love and mercy delivers his elect out of it, and brings them into an estate of salvation by the second covenant, commonly called the Covenant of Grace.

1Thess. 5:9; Gal. 3:10, 12; Titus 3:4-7; Gal. 3:21; Rom. 3:20-22

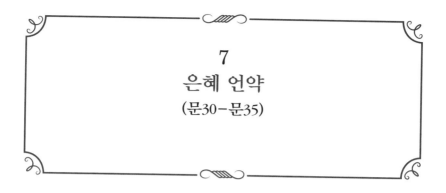

7
은혜 언약
(문30-문35)

문 30. 하나님은 모든 인류를 죄와 비참의 상태에서 멸망하도록 버려 두셨는가?

답. 하나님은 일반적으로 행위 언약이라 부르는[2] 첫 언약을 어겨서 죄와 비참의 상태에 빠진 모든 사람들을 그 상태로 멸망하게 버려 두지 않으시고[1] 단지 하나님의 사랑과 자비하심으로 인해 자신이 선택한 자들을 거기서 건지셔서 일반적으로 은혜 언약이라 부르는 두 번째 언약을 통해 구원의 상태로 이끄신다.[3]

1) 살전 5:9 2) 갈 3:10, 12 3) 딛 3:4-7; 갈 3:21; 롬 3:20-22

Q 31. With whom was the covenant of grace made?

A. The covenant of grace was made with Christ as the second Adam, and in him with all the elect as his seed.

Gal. 3:16; Rom. 5:15-21; Isa. 53:10-11

Q 32. How is the grace of God manifested in the second covenant?

A. The grace of God is manifested in the second covenant, in that he freely provides and offers to sinners a Mediator, and life and salvation by him; and, requiring faith as the condition to interest them in him, promises and gives his Holy Spirit to all his elect, to work in them that faith, with all other saving graces; and to enable them unto all holy obedience, as the evidence of the truth of their faith and thankfulness to God, and as the way which he has appointed them to salvation.

Gen. 3:15; Isa. 42:6; John 6:27; 1 John 5:11-12; John 3:16; John 1:12;

Prov. 1:23; 2 Cor. 4:13; Gal. 5:22-23; Ezek. 36:27; Jas. 2:18, 22;

2Cor. 5:14-15; Eph. 2:10

Q 33. Was the covenant of grace always administered after one and the same manner?

A. The covenant of grace was not always administered after the same manner, but the administrations of it under the Old Testament were different from those under the New.

2Cor. 3:6-9

문 31. 은혜 언약은 누구와 맺으셨는가?

답. 은혜 언약은 두 번째 아담인 그리스도와, 또 그 안에서 그의 씨로서 택함받은 모든 사람과 맺으셨다.

갈 3:16; 롬 5:15–21; 사 53:10–11

문 32. 하나님의 은혜는 두 번째 언약에 어떻게 나타나 있는가?

답. 하나님의 은혜는 두 번째 언약에서 다음과 같이 나타나는데, 죄인들에게 한 중보자를 값없이 준비하시고 내어 주셔서[1] 그 중보자에 의해 생명과 구원을 주시고,[2] 죄인들이 중보자에게 관심을 가지도록 믿음을 요구하시며,[3] 자신이 택한 모든 자에게 성령을 약속하고 주심으로[4] 그들이 모든 다른 구원의 은혜와 함께[6] 믿음을 갖게 역사하시며,[5] 그들이 자신들의 참된 믿음과[8] 하나님에 대한 감사의[9] 증거로, 또한 하나님이 그들을 구원에 이르도록 정하신 방편으로,[10] 모든 거룩한 순종을 할 수 있게 하신다.[7]

1) 창 3:15; 사 42:6; 요 6:27 2) 요일 5:11–12 3) 요 3:16; 요 1:12
4) 잠 1:23 5) 고후 4:13 6) 갈 5:22–23 7) 겔 36:27 8) 약 2:18, 22
9) 고후 5:14–15 10) 엡 2:10

문 33. 은혜 언약은 언제나 하나의 동일한 방식으로 집행되었는가?

답. 은혜 언약은 언제나 같은 방식으로 집행된 것이 아니고, 구약시대와 신약시대에 집행된 방식이 다르다.

고후 3:6–9

Q 34. How was the covenant of grace administered under the Old Testament?

A. The covenant of grace was administered under the Old Testament, by promises, prophecies, sacrifices, circumcision, the passover, and other types and ordinances, which did all fore-signify Christ then to come, and were for that time sufficient to build up the elect in faith in the promised Messiah, by whom they then had full remission of sin, and eternal salvation.

Rom. 15:8; Acts 3:20, 24; Heb. 10:1; Rom. 4:11; 1 Cor. 5:7;

Heb. 8-10, 11:13; Gal. 3:7-9, 14

Q 35. How is the covenant of grace administered under the New Testament?

A. Under the New Testament, when Christ the substance was exhibited, the same covenant of grace was and still is to be administered in the preaching of the Word, and the administration of the sacraments of baptism and the Lord's supper; in which grace and salvation are held forth in more fullness, evidence, and efficacy, to all nations.

Mark 16:15; Matt. 28:19-20; 1 Cor. 11:23-25; 2 Cor. 3:6-18; Heb. 8:6, 10, 11;

Matt. 28:19

문 34. 구약시대에는 어떻게 은혜 언약이 집행되었는가?

답. 구약시대의 은혜 언약은 약속,[1] 예언,[2] 희생제사,[3] 할례,[4] 유월절과[5] 기타 다른 예표와 규례를 통하여 집행되었는데, 이 모든 것은 장차 오실 그리스도를 미리 보여주시는 것으로, 그 당시에는 택한 자들이 약속하신 메시아를 굳게 믿게 하기에 충분했으며,[6] 그 메시아로 말미암아 완전한 죄사함과 영원한 구원을 받았다.[7]

1) 롬 15:8 2) 행 3:20, 24 3) 히 10:1 4) 롬 4:11 5) 고전 5:7
6) 히 8-10, 11:13 7) 갈 3:7-9, 14

문 35. 신약시대에는 어떻게 은혜 언약이 집행되는가?

답. 그리스도의 실체가 나타난 신약시대에는 동일한 은혜 언약이 말씀 전함과,[1] 성례인 세례와[2] 성찬을[3] 행함으로 집행되어 왔고 앞으로도 집행될 것이며, 그를 통해 은혜와 구원이 모든 나라 백성에게 더욱 충만하게, 명료하고 효과적으로 공표된다.[4]

1) 막 16:15 2) 마 28:19-20 3) 고전 11:23-25
4) 고후 3:6-18; 히 8:6, 10, 11; 마 28:19

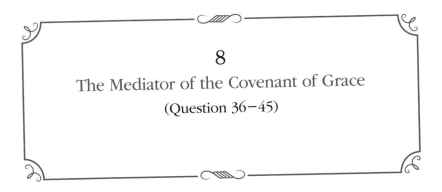

8
The Mediator of the Covenant of Grace
(Question 36–45)

Q 36. Who is the Mediator of the covenant of grace?

A. The only Mediator of the covenant of grace is the Lord Jesus Christ, who, being the eternal Son of God, of one substance and equal with the Father, in the fullness of time became man, and so was and continues to be God and man, in two entire distinct natures, and one person, forever.

1 Tim. 2:5; John 1:1, 14; John 10:30; Phil. 2:6; Gal. 4:4; Luke 1:35; Rom. 9:5; Col. 2:9; Heb. 7:24-25

Q 37. How did Christ, being the Son of God, become man?

A. Christ the Son of God became man, by taking to himself a true body, and a reasonable soul, being conceived by the power of the Holy Ghost in the womb of the Virgin Mary, of her substance, and born of her, yet without sin.

John 1:14; Matt. 26:38; Luke 1:27, 31, 35, 42; Gal. 4:4; Heb. 4:15; Heb. 7:26

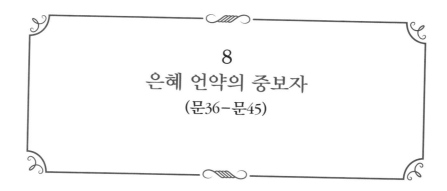

8
은혜 언약의 중보자
(문36-문45)

문 36. 은혜 언약의 중보자는 누구인가?

답. 은혜 언약의 유일한 중보자는 주 예수 그리스도시니,[1] 그는 하나님의 영원한 아들이시며, 성부 하나님과 실체가 같고 동등하시며,[2] 때가 차매 사람이 되셨고,[3] 그때부터 영원토록 한 위에 구별된 두 본성을 가진 하나님이자 사람이시다.[4]

1) 딤전 2:5 2) 요 1:1, 14; 요 10:30; 빌 2:6 3) 갈 4:4
4) 눅 1:35; 롬 9:5; 골 2:9; 히 7:24–25

문 37. 하나님의 아들이신 그리스도는 어떻게 사람이 되셨는가?

답. 하나님의 아들이신 그리스도는 참 몸과 이성적인 영혼을 취하셔서 사람이 되셨는데,[1] 이는 성령의 권능으로 동정녀 마리아의 자궁에 잉태되어 그녀의 형질을 받아 그녀에게서 나셨으나[2] 죄는 없으시다.[3]

1) 요 1:14; 마 26:38 2) 눅 1:27, 31, 35, 42; 갈 4:4
3) 히 4:15; 히 7:26

Q. 38. Why was it requisite that the Mediator should be God?

A. It was requisite that the Mediator should be God, that he might sustain and keep the human nature from sinking under the infinite wrath of God, and the power of death; give worth and efficacy to his sufferings, obedience and intercession; and to satisfy God's justice, procure his favor, purchase a peculiar people, give his Spirit to them, conquer all their enemies, and bring them to everlasting salvation.

Acts 2:24-25; Rom. 1:4; Rom. 4:25; Heb. 9:14; Acts 20:28; Heb. 9:14;

Heb. 7:25-28; Rom. 3:24-26; Eph. 1:6; Matt. 3:17; Titus 2:13-14; Gal. 4:6;

Luke 1:68-69, 71, 74; Heb. 5:8-9; Heb. 9:11-15

Q. 39. Why was it requisite that the Mediator should be man?

A. It was requisite that the Mediator should be man, that he might advance our nature, perform obedience to the law, suffer and make intercession for us in our nature, have a fellow-feeling of our infirmities; that we might receive the adoption of sons, and have comfort and access with boldness unto the throne of grace.

Heb. 2:16; Gal. 4:4; Heb. 2:14; Heb. 7:24-25; Heb. 4:15; Gal. 4:5; Heb. 4:16

문 38. 왜 중보자가 하나님이셔야 했는가?

답. 중보자가 하나님이셔야 했던 이유는 인간의 본성을 하나님의 무한한 진노와 사망의 권세 아래 떨어지지 않게 붙드시고,[1] 자신의 고난과 순종과 간구에 가치와 효력을 부여하고,[2] 하나님의 공의를 만족시키며[3] 하나님의 은총을 얻고,[4] 특정한 사람들을 값을 치러 사셔서[5] 그들에게 자신의 성령을 주시고,[6] 그들의 모든 적을 정복하고,[7] 그들을 영원한 구원으로 이끄시기 위함이다.[8]

1) 행 24-25; 롬 1:4; 롬 4:25; 히 9:14
2) 행 20:28; 히 9:14; 히 7:25-28   3) 롬 3:24-26   4) 엡 1:6; 마 3:17
5) 딛 2:13-14   6) 갈 4:6   7) 눅 1:68-69, 71, 74
8) 히 5:8-9; 히 9:11-15

문 39. 왜 중보자가 사람이어야 했는가?

답. 중보자가 사람이야 했던 이유는 그가 우리의 본성을 향상시키고,[1] 율법을 순종하고,[2] 우리의 본성을 입고 우리를 위해 고난받고 간구하시며,[3] 우리의 연약함을 체휼하시기[4] 위해서인데, 그러므로 우리가 양자로 입양되고,[5] 위로 받으며 은혜의 보좌 앞으로 담대히 나아갈 수 있다.[6]

1) 히 2:16   2) 갈 4:4   3) 히 2:14; 히 7:24-25   4) 히 4:15   5) 갈 4:5
6) 히 4:16

Q 40. Why was it requisite that the Mediator should be God and man in one person?

A. It was requisite that the Mediator, who was to reconcile God and man, should himself be both God and man, and this in one person, that the proper works of each nature might be accepted of God for us, and relied on by us, as the works of the whole person.

Matt. 1:21, 23; Matt. 3:17; Heb. 9:14; 1 Pet. 2:6

Q 41. Why was our Mediator called Jesus?

A. Our Mediator was called Jesus, because he saves his people from their sins.

Matt. 1:21

Q 42. Why was our Mediator called Christ?

A. Our Mediator was called Christ, because he was anointed with the Holy Ghost above measure; and so set apart, and fully furnished with all authority and ability, to execute the offices of prophet, priest, and king of his Church, in the estate both of his humiliation and exaltation.

John 3:34; Ps. 45:7; John 6:27; Matt. 28:18-20; Acts 3:21-22; Luke 4:18, 21; Heb. 5:5-7; Heb. 4:14-15; Ps. 2:6; Matt. 21:5; Isa. 9:6-7; Phil. 2:8-11

문 40. 왜 중보자가 한 위(person) 안에서 하나님이자 사람이어야 했는가?

답. 하나님과 사람을 화목하게 할 중보자 자신이 한 위 안에서 하나님이자 사람이어야 하는 이유는, 신성과 인성의 각기 고유한 사역들을 우리를 위해 하나님이 받으실 수 있게 하며,[1] 또 그 일들이 중보자의 전 인격의 사역으로 우리가 의지할 수 있도록 하기 위함이다.[2]

1) 마 1:21, 23; 마 3:17; 히 9:14 2) 벧전 2:6

문 41. 우리의 중보자는 왜 예수라 불렸는가?

답. 우리의 중보자는 자기 백성을 그들의 죄에서 구원하시기에 예수라 불렸다.

마 1:21

문 42. 우리의 중보자는 왜 그리스도라 불렸는가?

답. 우리의 중보자가 그리스도라 불린 이유는, 성령으로 한량없이 기름부음을 받으시고,[1] 성별 되시어 자신의 낮아지심과 높아지심의 두 상태 모두에서 자신의 교회에서 선지자,[3] 제사장,[4] 왕의[5] 직분을 수행할 모든 권세와 능력을 충만히 받으셨기 때문이다.[2]

1) 요 3:34; 시 45:7 2) 요 6:27; 마 28:18–20
3) 행 3:21–22; 눅 4:18, 21 4) 히 5:5–7; 히 4:14–15
5) 시 2:6; 마 21:5; 사 9:6–7; 빌 2:8–11

Q 43. How does Christ execute the office of a prophet?

A. Christ executes the office of a prophet, in his revealing to the Church in all ages, by his Spirit and Word, in diverse ways of administration, the whole will of God, in all things concerning their edification and salvation.

John 1:18; 1 Pet. 1:10-12; Heb. 1:1-2; John 15:15; Acts 20:32; Eph. 4:11-13; John 20:31

Q 44. How does Christ execute the office of a priest?

A. Christ executes the office of a priest, in his once offering himself a sacrifice without spot to God, to be a reconciliation for the sins of his people; and in making continual intercession for them.

Heb. 9:14, 28; Heb. 2:17; Heb. 7:25

문 43. 그리스도는 어떻게 선지자의 직분을 행하시는가?

답. 그리스도께서는, 그의 성령과 말씀으로,[2] 교회를 일깨워 세우고 구원하는 모든 일에 관한[5] 하나님의 온전하신 뜻을[4] 모든 시대의 교회에게 다양한 방법으로[3] 계시하심으로[1] 선지자의 직분을 행하신다.

1) 요 1:18 2) 벧전 1:10–12 3) 히 1:1–2 4) 요 15:15
5) 행 20:32; 엡 4:11–13; 요 20:31

문 44. 그리스도는 어떻게 제사장의 직분을 행하시는가?

답. 그리스도께서는, 자신을 자기 백성의 죄를 위한 화목이 되시려고[2] 하나님께 흠 없는 제물로[1] 단번에 바치심으로, 또 그들을 위해 항상 중보기도 하심으로[3] 제사장의 직분을 행하신다.

1) 히 9:14, 28 2) 히 2:17 3) 히 7:25

Q. 45. How does Christ execute the office of a king?

A. Christ executes the office of a king, in calling out of the world a people to himself, and giving them officers, laws, and censures, by which he visibly governs them; in bestowing saving grace upon his elect, rewarding their obedience, and correcting them for their sins, preserving and supporting them under all their temptations and sufferings, restraining and overcoming all their enemies, and powerfully ordering all things for his own glory and their good: and also in taking vengeance on the rest, who know not God, and obey not the gospel.

Acts 15:14-16; Isa. 55:4-5; Gen 49:10; Ps. 110:3; Eph. 4:11-12; 1Cor. 12:28; Isa. 33:22; Matt. 18:17-18; 1Cor. 5:4-5; Acts 5:31; Rev. 22:12; Rev. 2:10; Rev. 3:19; Isa. 63:9; 1Cor. 15:25; Ps. 110:1-7; Rom. 14:10-11; Rom. 8:28; 2Thess. 1:8-9; Ps. 2:8-9

문 45. 그리스도는 어떻게 왕의 직분을 행하시는가?

답. 그리스도께서는, 한 백성을 세상에서 자신에게로 불러내시고,[1] 그들에게 직분자들과[2] 율법과[3] 권징을 주셔서 그들을 가시적으로 통치하심으로,[4] 자신이 택한 자들에게 구원의 은총을 베푸시며,[5] 그들의 순종에 상을 주시고[6] 그들의 죄를 바로잡으시며[7] 모든 유혹과 고난 중에도 그들을 보존하시고 붙드시며[8] 그들의 모든 적들을 제어하고 굴복시키시며,[9] 자신의 영광과[10] 그들의 선을[11] 위해 모든 것을 권위있게 명하시며 구원의 은혜를 주심으로, 그리고 또한 하나님을 모르며 복음에 순종하지 않는 나머지 사람들에게는 원수를 갚으심으로, 왕의 직분을 행하신다.[12]

1) 행 15:14-16; 사 55:4-5; 창 49:10; 시 110:3
2) 엡 4:11-12; 고전 12:28   3) 사 33:22   4) 마 18:17-18; 고전 5:4-5
5) 행 5:31   6) 계 22:12; 계 2:10   7) 계 3:19   8) 사 63:9
9) 고전 15:25; 시 110:1-7   10) 롬 14:10-11   11) 롬 8:28
12) 살후 1:8-9; 시 2:8-9

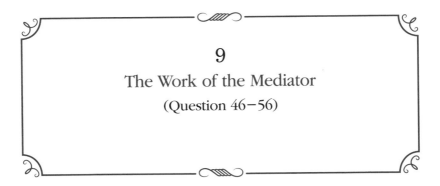

9
The Work of the Mediator
(Question 46–56)

Q 46. What was the estate of Christ's humiliation?

A. The estate of Christ's humiliation was that low condition, wherein he, for our sakes, emptying himself of his glory, took upon him the form of a servant, in his conception and birth, life, death, and after his death, until his resurrection.

Phil. 2:6-8; Luke 1:31; 2 Cor. 8:9; Acts 2:24

Q 47. How did Christ humble himself in his conception and birth?

A. Christ humbled himself in his conception and birth, in that, being from all eternity the Son of God, in the bosom of the Father, he was pleased in the fullness of time to become the son of man, made of a woman of low estate, and to be born of her; with divers circumstances of more than ordinary abasement.

John 1:14, 18; Gal. 4:4; Luke 2:7

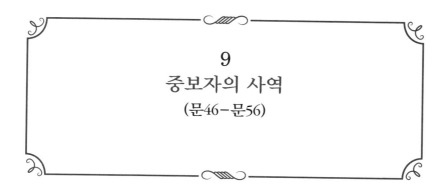

9
중보자의 사역
(문46–문56)

문 46. 그리스도의 낮아지심(비하)의 상태는 무엇인가?

답. 그리스도의 낮아지심이란, 우리를 위하여 자신의 영광을 비우시고 종의 형체를 취하셔서 잉태와 출생, 삶과 죽음, 그리고 죽으신 후 부활하시기 전까지 비천한 형편에 놓이셨던 것이다.

빌 2:6–8; 눅 1:31; 고후 8:9; 행 2:24

문 47. 그리스도께서 잉태되고 출생하실 때 어떻게 자신을 낮추셨는가?

답. 그리스도께서 잉태되고 출생하실 때, 영원 전부터 아버지의 품에 있는 하나님의 아들이시지만, 때가 차매 비천한 여자에게서 잉태되어 태어나심으로 인자가 되시길 기뻐하시고, 여러 상황에서 보통 사람들보다 더 비천한 상태가 되심으로 자신을 낮추셨다.

요 1:14, 18; 갈 4:4; 눅 2:7

Q 48. How did Christ humble himself in his life?

A. Christ humbled himself in his life, by subjecting himself to the law, which he perfectly fulfilled; and by conflicting with the indignities of the world, temptations of Satan, and infirmities in his flesh, whether common to the nature of man, or particularly accompanying that his low condition.

Gal. 4:4; Matt. 5:17; Rom. 5:19; Ps. 22:6; Heb. 12:2-3; Matt. 4:1-12;

Luke 4:13; Heb. 2:17-18; Heb. 4:15; Isa. 52:13-14

Q 49. How did Christ humble himself in his death?

A. Christ humbled himself in his death, in that having been betrayed by Judas, forsaken by his disciples, scorned and rejected by the world, condemned by Pilate, and tormented by his persecutors; having also conflicted with the terrors of death, and the powers of darkness, felt and borne the weight of God's wrath, he laid down his life an offering for sin, enduring the painful, shameful, and cursed death of the cross.

Matt. 27:4; Matt. 26:56; Isa. 53:2-3; Matt. 27:26-50; John 19:34; Luke 22:44;

Matt. 27:46; Isa. 53:10; Phil. 2:8; Heb. 12:2; Gal. 3:13

Q 50. Wherein consisted Christ's humiliation after his death?

A. Christ's humiliation after his death consisted in his being buried; and continuing in the state of the dead and under the power of death till the third day, which hath been otherwise expressed in these words, He descended into hell.

1Cor. 15:3-4; Ps. 16:10; Acts 2:24-27, 31; Rom. 6:9; Matt. 12:40

문 48. 그리스도께서는 세상에 사는 동안 어떻게 자신을 낮추셨는가?

답. 그리스도께서는 세상에 사시는 동안, 율법에 복종하시고[1] 그 율법을 완전히 이루심으로,[2] 그리고 인간의 본성에 흔히 있는 것이든 또는 특별히 자신의 비천한 상태에 수반되는 것이든, 세상의 모욕[3]이나 사탄의 유혹,[4] 그리고 자신의 육신의 연약함 등과 맞서 싸우심으로,[5] 자신을 낮추셨다.

1) 갈 4:4 2) 마 5:17; 롬 5:19 3) 시 22:6; 히 12:2–3
4) 마 4:1–12; 눅 4:13 5) 히 2:17–18; 히 4:15; 사 52:13–14

문 49. 그리스도께서는 죽으실 때 어떻게 자신을 낮추셨는가?

답. 그리스도께서는 죽으실 때, 유다에게 배반당하시고,[1] 자기 제자들에게 버림받으셨고,[2] 세상 사람들에게 조롱과 배척을 받으시고,[3] 빌라도에게 정죄 받으시고 그를 핍박하는 자들에게 고통을 받으심으로,[4] 또한 죽음의 공포와 어둠의 권세와 싸우시며, 하나님의 진노의 무게를 느끼며 감당하시고,[5] 십자가에서의 고통스럽고 치욕적이며 저주받은 죽음을 견디시며[7] 자신의 생명을 속죄 제물로 내어놓으심으로[6] 자신을 낮추셨다.

1) 마 27:4 2) 마 26:56 3) 사 53:2–3 4) 마 27:26–50; 요 19:34
5) 눅 22:44; 마 27:46 6) 사 53:10 7) 빌 2:8; 히 12:2; 갈 3:13

문 50. 그리스도께서 죽으신 후 낮아지심은 어떻게 이루어졌는가?

답. 그리스도께서 죽으신 후의 낮아지심은 장사되심과, 사흘째까지 사망의 권세 아래에서 죽은 상태로 계셨던 것으로,[1] 이를 다른 말로는 '지옥으로 내려가셨다'고 표현한다.[2]

1) 고전 15:3–4 2) 시 16:10; 행 2:24–27, 31; 롬 6:9; 마 12:40

Q 51. What was the estate of Christ's exaltation?

A. The estate of Christ's exaltation comprehends his resurrection, ascension, sitting at the right hand of the Father, and his coming again to judge the world.

1Cor. 15:4; Mark 16:19; Eph.1:20; Acts 1:11; Acts 17:31

Q 52. How was Christ exalted in his resurrection?

A. Christ was exalted in his resurrection, in that, not having seen corruption in death (of which it was not possible for him to be held) and having the very same body in which he suffered, with the essential properties thereof (but without mortality and other common infirmities belonging to this life) really united to his soul, he rose again from the dead the third day by his own power; whereby he declared himself to be the Son of God, to have satisfied divine justice, to have vanquished death, and him that had the power of it, and to be Lord of quick and dead: all which he did as a public person, the head of his church, for their justification, quickening in grace, support against enemies, and to assure them of their resurrection from the dead at the last day.

Acts 2:24, 27; Luke 24:39; Rom. 6:9; Rev. 1:18; John 10:18; Rom. 1:4;
Rom. 8:34; Heb. 2:14; Rom. 14:9; 1Cor. 15:21-22; Eph. 1:20, 22-23;
Col. 1:18; Rom. 4:25; Eph. 2:1, 5-6; Col. 2:12; 1Cor. 15:25-27; 1Cor. 15:20

문 51. 그리스도의 높아지심(승귀)의 상태는 무엇인가?

답. 그리스도의 높아지심의 상태는 그의 부활,[1] 승천,[2] 성부의 오른편에 앉으심과[3] 세상을 심판하러 다시 오심을[4] 포함한다.

1) 고전 15:4 2) 막 16:19 3) 엡 1:20 4) 행 1:11; 행 17:31

문 52. 그리스도께서는 부활하심으로 어떻게 높아지셨는가?

답. 그리스도께서 부활하심으로 높아지심은, 죽으셨으나 몸이 썩지 않고 (이는 그가 사망에 매여 있을 수 없었기에[1]), 고난 받으실 때의 바로 그 몸과 그 육체적 속성을 그대로 지니시고[2] (그러나 이세상 삶이 가진 사망성과 연약함이 없이) 그의 혼과 실제로 연합되어[3] 자신의 힘으로 셋째 날에 죽음에서 다시 살아나심을[4] 말하는데, 이로써 그는 자신이 하나님의 아들이신 것과,[5] 하나님의 공의를 만족시킨 것과,[6] 사망과 그 권세 잡은 자를 정복하신 것과,[7] 산 자와 죽은 자의 주가 되심을[8] 선포하셨다. 이 모든 것을 교회의 머리가 되시는[10] 공인으로서 행하심으로,[9] 그들(교회)을 의롭다 하시고[11] 은혜로 살리시며[12] 원수에 대항해서 지키시고,[13] 마지막 날에 그들에게 죽음에서 부활할 확신을 주신다.[14]

1) 행 2:24, 27 2) 눅 24:39 3) 롬 6:9; 계 1:18 4) 요 10:18 5) 롬 1:4
6) 롬 8:34 7) 히 2:14 8) 롬 14:9 9) 고전 15:21-22
10) 엡 1:20, 22-23; 골 1:18 11) 롬 4:25 12) 엡 2:1, 5-6; 골 2:12
13) 고전 15:25-27 14) 고전 15:20

Q 53. How was Christ exalted in his ascension?

A. Christ was exalted in his ascension, in that having after his resurrection often appeared unto and conversed with his apostles, speaking to them of the things pertaining to the kingdom of God, and giving them commission to preach the gospel to all nations, forty days after his resurrection, he, in our nature and as our head, triumphing over enemies, visibly went up into the highest heavens, there to receive gifts for men, to raise up our affections thither, and to prepare a place for us, where himself is and shall continue till his second coming at the end of the world.

Acts 1:2-3; Matt. 28:19-20; Heb. 6:20; Eph. 4:8; Acts 1:9-11; Eph. 4:10; Ps. 68:18; Col. 3:1-2; John 14:3; Acts 3:21

Q 54. How is Christ exalted in his sitting at the right hand of God?

A. Christ is exalted in his sitting at the right hand of God, in that as God-man he is advanced to the highest favor with God the Father, with all fullness of joy, glory, and power over all things in heaven and earth; and does gather and defend his Church, and subdue their enemies; furnishes his ministers and people with gifts and graces, and makes intercession for them.

Phil. 2:9; Acts 2:28; Ps. 16:11; John 17:5; Eph. 1:22; 1Pet. 3:22; Eph. 4:10-12; Ps. 110:1; Rom. 8:34

문 53. 그리스도께서는 승천하심으로 어떻게 높아지셨는가?

답. 그리스도께서 승천하심으로 높아지심은, 부활하신 후 그의 사도들에게 자주 나타나셔서 대화하시며, 그들에게 하나님 왕국(나라)에 관한 일들을 말씀하시고,[1] 모든 나라에게 복음을 전하라는 사명을 주시고,[2] 부활한지 40일 만에 우리의 본성을 지니신 우리의 머리로서[3] 원수들을 이기시고[4] 사람들이 보는 가운데 가장 높은 하늘로 올라가심을 말하는데, 그는 거기에서 사람들에게 줄 선물을 받으시고,[5] 우리가 그곳을 사모하게 하시며,[6] 우리를 위해 있을 곳을 예비하시니,[7] 거기는 곧 그가 현재 계시는 곳이며, 세상 끝날에 재림하실 때까지 계실 곳이다.[8]

1) 행 1:2–3 2) 마 28:19–20 3) 히 6:20 4) 엡 4:8
5) 행 1:9–11; 엡 4:10; 시 68:18 6) 골 3:1–2 7) 요 14:3 8) 행 3:21

문 54. 그리스도께서는 하나님 우편에 앉으심으로 어떻게 높아지시는가?

답. 그리스도께서 하나님 우편에 앉으심으로 높아지심은, 하나님이자 사람이신 그리스도께서 성부 하나님의 지극한 총애를 받으사,[1] 자신의 모든 충만한 기쁨과[2] 영광과,[3] 하늘과 땅의 모든 만물을 다스리는 권세를[4] 가지고, 교회를 모으시고 지키시며 그들의 원수들을 굴복시키시는 것과, 자신의 일꾼들과 백성에게 은사와 은혜를 주시고[5] 그들을 위해 중보기도 하심으로[6] 나타난다.

1) 빌 2:9 2) 행 2:28; 시 16:11 3) 요 17:5 4) 엡 1:22; 벧전 3:22
5) 엡 4:10–12; 시 110:1 6) 롬 8:34

Q 55. How does Christ make intercession?

A. Christ makes intercession, by his appearing in our nature continually before the Father in heaven, in the merit of his obedience and sacrifice on earth, declaring his will to have it applied to all believers; answering all accusations against them, and procuring for them quiet of conscience, notwithstanding daily failings, access with boldness to the throne of grace, and acceptance of their persons and services.

Heb. 9:12, 24; Heb. 1:3; John 3:16; John 17:9, 20, 24; Rom. 8:33-34; Rom. 5:1-2; 1John 2:1-2; Heb. 4:16; Eph. 1:6; 1Pet. 2:5

Q 56. How is Christ to be exalted in his coming again to judge the world?

A. Christ is to be exalted in his coming again to judge the world, in that he, who was unjustly judged and condemned by wicked men, shall come again at the last day in great power, and in the full manifestation of his own glory and of his Father's, with all his holy angels, with a shout, with the voice of the archangel, and with the trumpet of God, to judge the world in righteousness.

Acts 3:14-15; Matt. 24:30; Luke 9:26; Matt. 25:31; 1Thess. 4:16; Acts 17:31

문 55. 그리스도는 어떻게 중보기도를 하시는가?

답. 그리스도께서는, 지상에서의 그의 순종과 희생으로 받은 공로 안에서,[2] 우리의 본성을 가지시고 하늘에 계신 성부 하나님 앞에 끊임없이 나아가셔서,[1] 모든 믿는 자들에게 그 공로를 적용하려는 자신의 뜻을 선포하심으로,[3] 또 그들에 대한 모든 고발에 답변하시며,[4] 매일 실수함에도 불구하고 그들에게 양심의 평안과,[5] 은혜의 보좌 앞에 담대히 나아갈 수 있는 길을 확보하시고,[6] 그들 자신과[7] 그들의 봉사를 수납해 주심으로,[8] 우리를 위해 중보기도를 하신다.

1) 히 9:12, 24   2) 히 1:3   3) 요 3:16; 요 17:9, 20, 24   4) 롬 8:33–34
5) 롬 5:1–2; 요일 2:1–2   6) 히 4:16   7) 엡 1:6   8) 벧전 2:5

문 56. 그리스도께서 세상을 심판하러 다시 오실 때 어떻게 높아지실 것인가?

답. 그리스도께서 세상을 심판하러 다시 오실 때, 악한 자들에게 부당하게 재판받고 정죄 받으신[1] 그가 마지막 날에 큰 권능으로,[2] 하나님 아버지와 자신의 영광을 충만하게 드러내면서, 그의 모든 거룩한 천사들과 함께,[3] 호령과 천사장의 목소리와 하나님의 나팔소리와 함께,[4] 세상을 공의롭게 심판하러[5] 다시 오심으로 높아지신다.

1) 행 3:14–15   2) 마 24:30   3) 눅 9:26; 마 25:31   4) 살전 4:16
5) 행 17:31

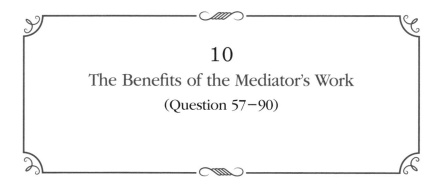

10
The Benefits of the Mediator's Work
(Question 57–90)

Q 57. What benefits has Christ procured by his mediation?

A. Christ by his mediation has procured redemption, with all other benefits of the covenant of grace.

Heb. 9:12; 2Cor. 1:20

Q 58 How do we come to be made partakers of the benefits which Christ has procured?

A. We are made partakers of the benefits which Christ has procured by the application of them unto us, which is the work especially of God the Holy Ghost.

John 1:11-12; Titus 3:5-6

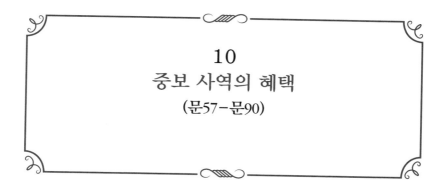

10
중보 사역의 혜택
(문57–문90)

문 57. 그리스도께서는 자신의 중보로 무슨 유익을 획득하셨는가?

답. 그리스도께서는 자신의 중보로 은혜 언약의 다른 모든 유익²과 함께 죄사함(구속)을¹ 획득하셨다.

1) 히 9:12   2) 고후 1:20

문 58. 우리는 어떻게 그리스도께서 획득하신 유익(혜택)들에 참여할 수 있게 되는가?

답. 그리스도께서 획득하신 혜택들을 우리에게 적용하시는¹ 성령 하나님의 특별하신 사역을 통해² 우리는 그 혜택들에 참여할 수 있게 된다.

1) 요 1:11–12   2) 딛 3:5–6

Q 59. Who are made partakers of redemption through Christ?

A. Redemption is certainly applied, and effectually communicated, to all those for whom Christ has purchased it; who are in time by the Holy Ghost enabled to believe in Christ according to the gospel.

Eph. 1:13-14; John 6:37, 39; John 10:15-16; Eph. 2:8; 2Cor. 4:13

Q 60. Can they who have never heard of the gospel, and so know not Jesus Christ, nor believe in him, be saved by their living according to the light of nature?

A. They who, having never heard the gospel, know not Jesus Christ, and believe not in him, cannot be saved, be they never so diligent to frame their lives according to the light of nature, or the laws of that religion which they profess; neither is there salvation in any other, but in Christ alone, who is the Savior only of his body the Church.

Rom. 10:14; 2Thess. 1:8-9; Eph. 2:12; John 1:10-12; John 8:24;

Mark 16:16; 1Cor. 1:20-24; John 4:22; Rom. 9:31-32; Phil. 3:4-9; Acts 4:12;

Eph. 5:23

Q 61. Are all they saved who hear the gospel, and live in the Church?

A. All that hear the gospel, and live in the visible Church, are not saved; but only they who are true members of the Church invisible.

John 12:38-40; Rom. 9:6; Matt. 22:14; Matt. 7:21; Rom. 11:7

문 59. 누가 그리스도를 통한 구속에 참여하는 자가 되는가?

답. 구속은 그리스도께서 값을 치르고 사서 주신 모든 사람들에게 확실히 적용되며, 효과적으로 전해짐으로,[1] 그들은 때가 되어 성령에 의해 복음을 따라 그리스도를 믿을 수 있게 된 자들이다.[2]

1) 엡 1:13-14; 요 6:37, 39; 요 10:15-16   2) 엡 2:8; 고후 4:13

문 60. 복음을 전혀 들어본 적이 없어서 예수 그리스도를 알지 못하고 믿지도 않는 사람들이 본성의 빛을 따라 사는 것으로 구원을 받을 수 있는가?

답. 복음을 전혀 들어본 적이 없어서[1] 예수 그리스도를 알지 못하고[2] 믿지도 않는 사람들은,[3] 아무리 자신들의 삶을 본성의 빛이나[4] 그들이 믿는 종교의 율법에 따라 부지런히 맞추어 살아도 구원을 받을 수 없으며,[5] 오직 자신의 몸인 교회의 유일한 구주이신[7] 그리스도 밖에서는 구원은 없다.[6]

1) 롬 10:14   2) 살후 1:8-9; 엡 2:12; 요 1:10-12
3) 요 8:24; 막 16:16   4) 고전 1:20-24
5) 요 4:22; 롬 9:31-32; 빌 3:4-9   6) 행 4:12   7) 엡 5:23

문 61. 복음을 들으며 교회 안에서 생활하는 사람들은 모두 구원을 받는가?

답. 복음을 들으며 유형 교회 안에서 생활하는 모든 사람들이 다 구원을 받는 것이 아니라, 무형 교회의 진정한 회원들만 구원을 받는다.

요 12:38-40; 롬 9:6; 마 22:14; 마 7:21; 롬 11:7

Q 62. What is the visible Church?

A. The visible Church is a society made up of all such as in all ages and places of the world do profess the true religion, and of their children.

1Cor. 1:2; 1Cor. 12:13; Rom. 15:9-12; Rev. 7:9; Ps. 2:8; Ps. 22:27-31; Ps. 45:17; Matt. 28:19-20; Isa. 59:21; 1Cor. 7:14; Acts 2:39; Rom. 11:16; Gen. 17:7

Q 63. What are the special privileges of the visible Church?

A. The visible Church has the privilege of being under God's special care and government; of being protected and preserved in all ages, notwithstanding the opposition of all enemies; and of enjoying the communion of saints, the ordinary means of salvation, and offers of grace by Christ to all the members of it in the ministry of the gospel, testifying, that whosoever believes in him shall be saved, and excluding none that will come unto him.

Isa. 4:5-6; 1Tim. 4:10; Ps. 115:1-18; Isa. 31:4-5; Zech. 12:2-4,8-9; Acts 2:39, 42; Ps. 147:19-20; Rom. 9:4; Eph. 4:11-12; Mark 16:15-16; John 6:37

Q 64. What is the invisible Church?

A. The invisible Church is the whole number of the elect, that have been, are, or shall be gathered into one under Christ the head.

Eph. 1:10, 22-23; John 10:16; John 11:52

문 62. 유형 교회(보이는 교회)란 무엇인가?

답. 유형 교회(보이는 교회)는 세상의 모든 시대와 장소에서 참 종교를 고백하는 모든 사람들과[1] 그들의 자녀로[2] 이루어진 공동체이다.

1) 고전 1:2; 고전 12:13; 롬 15:9–12; 계 7:9; 시 2:8; 시 22:27–31;
   시 45:17; 마 28:19–20; 사 59:21
2) 고전 7:14; 행 2:39; 롬 11:16; 창 17:7

문 63. 유형 교회의 특권들은 무엇인가?

답. 유형 교회의 특권들은 하나님의 특별한 보호와 통치 아래 있는 것과,[1] 모든 원수들의 대적에도 불구하고 모든 시대에 보호받고 보존되는 것과,[2] 성도들 간의 교통과 구원의 일반적인 방편과,[3] 복음의 역사 안에서 유형 교회의 모든 지체에게 주어지는 그리스도의 은혜를 누리는 것인데, 이 복음은 그리스도를 믿는 자는 누구든지 구원을 받고[4] 그에게 나오는 자는 누구라도 배제되지 않는다고 증거한다.[5]

1) 사 4:5–6; 딤전 4:10   2) 시 115:1–18; 사 31:4–5; 슥 12:2–4, 8–9
3) 행 2:39, 42   4) 시 147:19–20; 롬 9:4; 엡 4:11–12; 막 16:15–16
5) 요 6:37

문 64. 무형 교회 (보이지 않는 교회)란 무엇인가?

답. 무형 교회란 머리 되신 그리스도 밑에서 하나로 모였고, 모이고 장차 모일 택함 받은 모든 자들의 총합이다.

엡 1:10, 22–23; 요 10:16; 요 11:52

Q 65. What special benefits do the members of the invisible Church enjoy by Christ?

A. The members of the invisible Church, by Christ, enjoy union and communion with him in grace and glory.

John 17:21; Eph. 2:5-6; John 17:24

Q 66. What is that union which the elect have with Christ?

A. The union which the elect have with Christ is the work of God's grace, whereby they are spiritually and mystically, yet really and inseparably, joined to Christ as their head and husband; which is done in their effectual calling.

Eph. 1:22; Eph. 2:6-8; 1Cor. 6:17; John 10:28; Eph. 5:23, 30; 1Pet. 5:10; 1Cor. 1:9

문 65. 무형 교회 회원들은 그리스도로 말미암아 어떠한 특혜를 누리는 가?

답. 무형 교회 회원들은, 그리스도로 말미암아, 은혜와 영광 중에 그리스도와 연합과 교통을 누린다.

요 17:21; 엡 2:5–6; 요 17:24

문 66. 택함 받은 자들이 소유하는 그리스도와의 연합은 무엇인가?

답. 택함 받은 자들이 소유한 그리스도와의 연합이란, 하나님의 은혜의 역사인데,[1] 이로 말미암아 영적으로, 신비하게, 그러나 실제적이며 분리할 수 없게 그들의 머리이자 남편이신 그리스도와 결합되는 것으로,[2] 이는 그들이 효과적인 부르심을 받음으로 이루어진다.[3]

1) 엡 1:22; 엡 2:6–8 2) 고전 6:17; 요 10:28; 엡 5:23, 30
3) 벧전 5:10; 고전 1:9

Q 67. What is effectual calling?

A. Effectual calling is the work of God's almighty power and grace, whereby (out of his free and special love to his elect, and from nothing in them moving him thereunto) he doth, in his accepted time, invite and draw them to Jesus Christ, by his Word and Spirit; savingly enlightening their minds, renewing and powerfully determining their wills, so as they (although in themselves dead in sin) are hereby made willing and able freely to answer his call, and to accept and embrace the grace offered and conveyed therein.

John 5:25; Eph. 1:18-20; 2Tim. 1:8-9; Titus 3:4-5; Eph. 2:4-5, 7-9;

Rom. 9:11; 2Cor. 5:20, 2Cor. 6:1-2; John 6:44; 2Thess. 2:13-14; Acts 26:18;

1Cor. 2:10, 12; Ezek. 11:19; Ezek. 36:26-27; John 6:45; Eph. 2:5; Phil. 2:13;

Deut. 30:6

Q 68. Are the elect only effectually called?

A. All the elect, and they only, are effectually called; although others may be, and often are, outwardly called by the ministry of the Word, and have some common operations of the Spirit; who, for their willful neglect and contempt of the grace offered to them, being justly left in their unbelief, do never truly come to Jesus Christ.

Acts 13:48; Matt. 22:14; Matt. 7:22; Matt. 13:20-21; Heb. 6:4-6;

John 12:38-40; Acts 28:25-27; John 6:64-65; Ps. 81:11-12

문 67. 효과적인 부르심은 무엇인가?

답. 효과적인 부르심이란 하나님의 전능하신 권능과 은혜의 역사인데,[1] 이로 말미암아 (택한 사람들에게 하나님이 값없이 주시는 특별한 사랑때문에, 그러나 그들 안에 있는 어떤 것도 하나님을 그렇게 하도록 감동시킬 수 없어도[2]) 하나님이 받으실 만한 때에 그들을 초대하여 그의 말씀과 영으로[3] 예수 그리스도께 이끄시며, 그들의 마음을 구원을 얻도록 밝히시며,[4] 그들의 의지를 새롭게 하며 굳게 결심하게 하셔서,[5] (비록 그들 자신은 죄로 죽었지만) 그들이 하나님의 부르심에 자발적으로 자유롭게 응답할 수 있게 하셔서, 그 부르심을 통해 제공되고 전달된 은혜를 받아들여 마음에 품게 하신다.[6]

1) 요 5:25; 엡 1:18–20; 딤후 1:8–9
2) 딛 3:4–5; 엡 2:4–5, 7–9; 롬 9:11
3) 고후 5:20, 고후 6:1–2; 요 6:44; 살후 2:13–14
4) 행 26:18; 고전 2:10, 12   5) 겔 11:19; 겔 36:26–27; 요 6:45
6) 엡 2:5; 빌 2:13; 신 30:6

문 68. 택함 받은 사람들만 효과적인 부르심을 받는가?

답. 모든 택함 받은 사람들, 오직 그들만 효과적인 부르심을 받는다.[1] 그렇지 않은 사람들도 때로는 말씀 사역에 의해 외적으로 부르심을 받고,[2] 성령의 어떤 일반적인 역사를 가질 수 있으나,[3] 그들에게 제공된 은혜를 고의로 무시하고 경멸하기 때문에, 당연히 자신들의 불신앙에 버려지고, 결코 예수 그리스도에게 참되게 나오지 못한다.[4]

1) 행 13:48   2) 마 22:14   3) 마 7:22; 마 13:20–21; 히 6:4–6
4) 요 12:38–40; 행 28:25–27; 요 6:64–65; 시 81:11–12

Q 69. What is the communion in grace, which the members of the invisible Church have with Christ?

A. The communion in grace, which the members of the invisible Church have with Christ, is their partaking of the virtue of his mediation, in their justification, adoption, sanctification, and whatever else in this life manifests their union with him.
Rom. 8:30; Eph. 1:5; 1Cor. 1:30

Q 70. What is justification?

A. Justification is an act of God's free grace unto sinners, in which he pardoneth all their sins, accepteth and accounteth their persons righteous in his sight; not for any thing wrought in them, or done by them, but only for the perfect obedience and full satisfaction of Christ, by God imputed to them, and received by faith alone.
Rom. 3:22, 24-25; Rom. 4:5; 2Cor. 5:19, 21; Rom. 3:22, 24-25, 27-28;
Titus 3:5, 7; Eph. 1:7; Rom. 5:17-19; Rom. 4:6-8; Acts 10:43; Gal. 2:16;
Phil. 3:9

문 69. 무형 교회의 회원들이 그리스도와 함께하는 은혜 안에서의 교통함은 무엇인가?

답. 무형 교회 회원들이 그리스도와 함께하는 은혜 안에서의 교통함은, 그들의 칭의,[1] 입양,[2] 성화와 이생에서 그리스도와의 연합을 나타내는 모든 일에 있어, 그리스도의 중보의 효능에 참여하는 것이다.[3]

1) 롬 8:30 2) 엡 1:5 3) 고전 1:30

문 70. 칭의(의롭다 하심)는 무엇인가?

답. 칭의는 하나님이 죄인들에게 값없이 주시는 은혜의 행위인데,[1] 그것을 통해 그들의 모든 죄를 용서하시고 하나님 보시기에 그들의 인격이 의롭다고 여기시고 받아 주시는 것이다.[2] 이것은 그들 속에 일어나거나 그들이 행한 어떤 일 때문이 아니라,[3] 하나님이 오직 그리스도의 완전한 순종과 충만한 속죄를 그들에게 전가하심으로,[4] 오직 믿음으로만 받는다.[5]

1) 롬 3:22, 24–25; 롬 4:5 2) 고후 5:19, 21; 롬 3:22, 24–25, 27–28
3) 딛 3:5, 7; 엡 1:7 4) 롬 5:17–19; 롬 4:6–8
5) 행 10:43; 갈 2:16; 빌 3:9

Q 71. How is justification an act of God's free grace?

A. Although Christ, by his obedience and death, did make a proper, real and full satisfaction to God's justice in the behalf of them that are justified; yet in as much as God accepteth the satisfaction from a surety, which he might have demanded of them, and did provide this surety, his own only Son, imputing his righteousness to them, and requiring nothing of them for their justification but faith, which also is his gift, their justification is to them of free grace.

Rom. 5:8-10, 19; 1Tim. 2:5-6; Heb. 10:10; Matt. 20:28; Dan. 9:24, 26;

Isa. 53:4-6; Isa. 53:10-12; Heb. 7:22; Rom. 8:32; 1Pet. 1:18-19; 2Cor. 5:21;

Rom. 3:24-25; Eph. 2:8; Eph. 1:7

Q 72. What is justifying faith?

A. Justifying faith is a saving grace, wrought in the heart of a sinner, by the Spirit and Word of God, whereby he, being convinced of his sin and misery, and of the disability in himself and all other creatures to recover him out of his lost condition, not only assenteth to the truth of the promise of the gospel, but receiveth and resteth upon Christ and his righteousness therein held forth, for pardon of sin, and for the accepting and accounting of his person righteous in the sight of God for salvation.

Heb. 10:39; 2Cor. 4:13; Eph. 1:17-19; Rom. 10:14, 17; Acts 2:37;

Acts 16:30; John 16:8-9; Rom. 5:6; Eph. 2:1; Acts 4:12; Eph. 1:13;

John 1:12; Acts 16:31; Acts 10:43; Phil. 3:9; Acts 15:11

문 71. 칭의가 어떻게 하나님께서 값없이 주시는 은혜의 행위인가?

답. 비록 그리스도께서 자신의 순종과 죽음으로 칭의 받는 자들을 대신해서 적절하고 참되고 완전하게 하나님의 공의를 만족시키셨지만,[1] 하나님은 그들에게 요구하셨을 이 만족을 한 보증인으로부터 받으셨는데, 바로 자신의 독생자를 이 보증인으로 세우시고[2] 그의 공의를 그들에게 전가하시고[3] 그들의 칭의를 위해서는 믿음 이외에는 어떤 것도 요구하지 않으셨는데[4] 그 믿음 또한 하나님의 선물이므로,[5] 그들에게 칭의는 값없이 주시는 은혜이다.[6]

1) 롬 5:8–10, 19
2) 딤전 2:5–6; 히 10:10; 마 20:28; 단 9:24, 26; 사 53:4–6;
   사 53:10–12; 히 7:22; 롬 8:32; 벧전 1:18–19
3) 고후 5:21   4) 롬 3:24–25   5) 엡 2:8   6) 엡 1:7

문 72. 의롭게 하는 믿음은 무엇인가?

답. 의롭게 하는 믿음은 성령과[2] 하나님의 말씀에[3] 의해 죄인의 마음에 만들어지는 구원의 은혜인데,[1] 자신의 죄와 비참함과 이 잃어버린 바 된 상태에서 자신을 회복시킬 능력이 자신과 다른 어떤 피조물에게도 없다는 사실을 깨닫고,[4] 복음의 약속의 진실함을 인정할 뿐 아니라,[5] 죄 사함을 위해, 그리고 하나님 보시기에 구원받기에 의로운 사람으로 받아들여지고 인정되기 위해[7] 복음에 제시된 그리스도와 그의 공의를 받아들이고 그 안에 안식하는 것이다.[6]

1) 히 10:39   2) 고후 4:13; 엡 1:17–19   3) 롬 10:14, 17
4) 행 2:37; 행 16:30; 요 16:8–9; 롬 5:6; 엡 2:1; 행 4:12   5) 엡 1:13
6) 요 1:12; 행 16:31; 행 10:43   7) 빌 3:9; 행 15:11

Q 73. How doth faith justify a sinner in the sight of God?

A. Faith justifies a sinner in the sight of God, not because of those other graces which do always accompany it, or of good works that are the fruits of it, nor as if the grace of faith, or any act thereof, were imputed to him for his justification; but only as it is an instrument by which he receiveth and applieth Christ and his righteousness.

Gal. 3:11; Rom. 3:28; Rom. 4:5; Rom. 10:10; John 1:12; Phil. 3:9; Gal. 2:16

Q 74. What is adoption?

A. Adoption is an act of the free grace of God, in and for his only Son Jesus Christ, whereby all those that are justified are received into the number of his children, have his name put upon them, the Spirit of his Son given to them, are under his fatherly care and dispensations, admitted to all the liberties and privileges of the sons of God, made heirs of all the promises, and fellow-heirs with Christ in glory.

1John 3:1; Eph. 1:5; Gal. 4:4-5; John 1:12; 2Cor. 6:18; Rev. 3:12; Gal. 4:6; Ps. 103:13; Prov. 14:26; Matt. 6:32; Heb. 6:12; Rom. 8:17

문 73. 믿음이 죄인을 하나님 보시기에 어떻게 의롭게 하는가?

답. 믿음이 죄인을 하나님 보시기에 의롭게 함은, 믿음에 항상 따르는 다른 은혜들이나 믿음의 열매인 선행 때문이 아니며,[1] 믿음의 은혜나 그로 인한 어떤 행위가 그에게 자신의 의로 전가되기 때문도 아니다.[2] 믿음은 오직 그리스도와 그의 의를 받아 적용하는 도구일 뿐이다.[3]

1) 갈 3:11; 롬 3:28 2) 롬 4:5; 롬 10:10 3) 요 1:12; 빌 3:9; 갈 2:16

문 74. 입양(양자 됨)은 무엇인가?

답. 입양은 하나님께서 그의 독생자 예수 그리스도 안에서, 예수 그리스도 때문에[2] 값없이 주시는 은혜의 행위인데,[1] 이로써 의롭다 함을 받은 모든 자들이 그의 자녀의 수 안에 받아들여지고,[3] 하나님의 이름을 그들에게 두시며,[4] 그의 아들의 영을 그들에게 주시고,[5] 그들을 아버지로서 보살피시고 다스리시며,[6] 하나님의 자녀들이 누리는 모든 자유와 특권을 허락하시고, 모든 약속의 상속자이자, 영광 중에 그리스도와 함께하는 상속자가 되게 하신다.[7]

1) 요일 3:1 2) 엡 1:5; 갈 4:4–5 3) 요 1:12 4) 고후 6:18; 계 3:12
5) 갈 4:6 6) 시 103:13; 잠 14:26; 마 6:32 7) 히 6:12; 롬 8:17

Q 75. What is sanctification?

A. Sanctification is a work of God's grace, whereby they whom God hath before the foundation of the world chosen to be holy, are in time through the powerful operation of his Spirit, applying the death and resurrection of Christ unto them, renewed in their whole man after the image of God; having the seeds of repentance unto life, and all other saving graces, put into their hearts, and those graces so stirred up, increased, and strengthened, as that they more and more die unto sin and rise unto newness of life.

Eph. 1:4; 1Cor. 6:11; 2Thess. 2:13; Rom. 6:4-6; Eph. 4:23-24; Acts 11:18;

1John 3:9; Jude 1:20; Heb. 6:11-12; Eph. 3:16-19; Col. 1:10-11;

Rom. 6:4, 6, 14; Gal. 5:24

Q 76. What is repentance unto life?

A. Repentance unto life is a saving grace, wrought in the heart of a sinner by the Spirit and word of God, whereby, out of the sight and sense, not only of the danger, but also of the filthiness and odiousness of his sins, and upon the apprehension of God's mercy in Christ to such as are penitent, he so grieves for and hates his sins, as that he turns from them all to God, purposing and endeavouring constantly to walk with him in all the ways of new obedience.

2Tim. 2:25; Zech. 12:10; Acts 11:18, 20-21; Ezek. 18:28, 30, 32;

Luke 15:17-18; Hos. 2:6-7; Ezek. 36:31; Isa. 30:22; Joel 2:12-13;

Jer. 31:18-19; 2Cor. 7:11; Acts 26:18; Ezek. 14:6; 1Kings 8:47-48;

Ps. 119:6, 59, 128; Luke 1:6; 2 Kings 23:25

문 75. 성화는 무엇인가?

답. 성화는 하나님의 은혜의 사역인데, 이로 말미암아 하나님께서 세상의 기초를 놓으시기 전에 거룩하게 하시려고 택하신 모든 자들이, 때가 되매 그리스도의 죽음과 부활을 그들에게 적용하는[2] 하나님의 성령의 강력한 역사로,[1] 그들의 전 인격이 하나님의 형상을 따라 새롭게 된다.[3] 그리고 생명에 이르는 회개의 씨와 다른 모든 구원의 은혜들을 받아 그들의 가슴에 두고,[4] 그 은혜들이 고무되고 증가되고 강화되어[5] 그들이 죄에 대해서는 점점 더 죽고 새 생명에 대하여 살아나게 된다.[6]

1) 엡 1:4; 고전 6:11; 살후 2:13 2) 롬 6:4–6 3) 엡 4:23–24
4) 행 11:18; 요일 3:9 5) 유 1:20; 히 6:11–12; 엡 3:16–19; 골 1:10–11
6) 롬 6:4, 6, 14; 갈 5:24

문 76. 생명에 이르는 회개는 무엇인가?

답. 생명에 이르는 회개는 성령과[2] 하나님의 말씀에[3] 의해 죄인의 마음에 만들어지는 구원의 은혜인데,[1] 이로 말미암아 자신의 죄악의 위험성뿐 아니라[4] 더러움과 가증함을 보고 느끼게 되며,[5] 통회하는 자들에게 그리스도 안에서 베푸시는 하나님의 긍휼하심을 깨닫고,[6] 자신의 죄들을 그토록 슬퍼하고[7] 미워하며[8] 그 모든 것들로부터 돌이켜 하나님께 돌아와[9] 새로운 순종의 모든 길을 하나님과 함께 동행하기로 끊임없이 작정하고 노력하게 된다.[10]

1) 딤후 2:25 2) 슥 12:10 3) 행 11:18, 20–21
4) 겔 18:28, 30, 32; 눅 15:17–18; 호 2:6–7 5) 겔 36:31; 사 30:22
6) 욜 2:12–13 7) 렘 31:18–19 8) 고후 7:11
9) 행 26:18; 겔 14:6; 왕상 8:47–48
10) 시 119:6, 59, 128; 눅 1:6; 왕하 23:25

Q 77. Wherein do justification and sanctification differ?

A. Although sanctification be inseparably joined with justification, yet they differ, in that God in justification imputeth the righteousness of Christ; in sanctification his Spirit infuseth grace, and enableth to the exercise thereof; in the former, sin is pardoned; in the other, it is subdued; the one doth equally free all believers from the revenging wrath of God, and that perfectly in this life, that they never fall into condemnation; the other is neither equal in all, nor in this life perfect in any, but growing up to perfection.

1Cor. 6:11; 1Cor. 1:30; Rom. 4:6, 8; Ezek. 36:27; Rom. 3:24-25; Rom. 6:6, 14; Rom. 8:33-34; 1John 2:12-14; Heb. 5:12-14; 1John 1:8, 10; 2Cor. 7:1; Phil. 3:12-14

Q 78. Whence ariseth the imperfection of sanctification in believers?

A. The imperfection of sanctification in believers ariseth from the remnants of sin abiding in every part of them, and the perpetual lustings of the flesh against the spirit; whereby they are often foiled with temptations, and fall into many sins, are hindered in all their spiritual services, and their best works are imperfect and defiled in the sight of God.

Rom. 7:18, 23; Mark 14:66-72; Gal. 2:11-12; Heb. 12:1; Isa. 64:6; Ex. 28:38

문 77. 칭의와 성화는 어떤 점에서 서로 다른가?

답. 비록 성화는 칭의와 나눌 수 없게 결합되어 있지만[1] 서로 다른 점이 있다. 칭의에서는 하나님이 그리스도의 의를 전가하시지만(imputes),[2] 성화에서는 하나님의 성령이 은혜를 주입하시어(infuses) 은혜가 역사하게 하신다.[3] 전자에서는 죄가 용서되고,[4] 후자에서는 죄가 억제된다.[5] 칭의는 보복하시는 하나님의 진노로부터 모든 믿는 자들을 동일하게 이 세상에서 완전히 자유롭게 하여 다시는 정죄에 빠지지 않게 한다.[6] 성화는 모든 믿는 자에게 동일하지도 않고,[7] 이 세상에서는 누구에게서도 결코 완성될 수 없으며[8] 단지 완성을 향해 자라간다.[9]

1) 고전 6:11; 고전 1:30   2) 롬 4:6, 8   3) 겔 36:27   4) 롬 3:24–25
5) 롬 6:6, 14   6) 롬 8:33–34   7) 요일 2:12–14; 히 5:12–14
8) 요일 1:8, 10   9) 고후 7:1; 빌 3:12–14

문 78. 신자들의 성화의 불완전함은 어디에서 기인하는가?

답. 신자들의 성화의 불완전함은 그들의 모든 부분에 남아있는 죄의 잔재와 영에 대항하는 육신의 끊임없는 정욕 때문이다. 이로써 그들은 종종 유혹에 좌절되고, 많은 죄에 빠지고,[1] 그들의 모든 영적인 섬김에 방해를 받고,[2] 그들이 최선을 다해 한 일들도 하나님 보시기에 불완전하고 더러운 것이 된다.[3]

1) 롬 7:18, 23; 막 14:66–72; 갈 2:11–12   2) 히 12:1
3) 사 64:6; 출 28:38

Q 79. May not true believers, by reason of their imperfections, and the many temptations and sins they are overtaken with, fall away from the state of grace?

A. True believers, by reason of the unchangeable love of God, and his decree and covenant to give them perseverance, their inseparable union with Christ, his continual intercession for them, and the Spirit and seed of God abiding in them, can neither totally nor finally fall away from the state of grace, but are kept by the power of God through faith unto salvation.
Jer. 31:3; 2Tim. 2:19; Heb. 13:20-21; 2Sam. 23:5; 1Cor. 1:8-9; Heb. 7:25; Luke 22:32; 1John 3:9; 1John 2:27; Jer. 32:40; John 10:28; 1Peter 1:5

Q 80. Can true believers be infallibly assured that they are in the estate of grace, and that they shall persevere therein unto salvation?

A. Such as truly believe in Christ, and endeavor to walk in all good conscience before him, may, without extraordinary revelation, by faith grounded upon the truth of God's promises, and by the Spirit enabling them to discern in themselves those graces to which the promises of life are made, and bearing witness with their spirits that they are the children of God, be infallibly assured that they are in the estate of grace and shall persevere therein unto salvation.
1John 2:3; 1Cor. 2:12; 1John 3:14, 18-19, 21, 24; 1John 4:13, 16; Heb. 6:11-12; Rom. 8:16; 1John 5:13

문 79. 참 신자들이 자신들의 불완전함과 그들을 압도하는 많은 유혹과 죄 때문에 은혜의 상태로부터 떨어질 수 없는가?

답. 참 신자들은, 하나님의 변치 않는 사랑과[1] 그들을 견인하게 하시는 하나님의 작정과 언약,[2] 그리스도와의 분리될 수 없는 연합,[3] 그들을 위한 그리스도의 지속적인 중보 기도,[4] 그들 안에 거하시는 하나님의 영과 씨 때문에,[5] 전적으로나 궁극적으로 은혜의 상태로부터 떨어질 수 없고,[6] 하나님의 권능으로 구원에 이르기까지 믿음으로 보존된다.[7]

1) 렘 31:3   2) 딤후 2:19; 히 13:20–21; 삼하 23:5   3) 고전 1:8–9
4) 히 7:25; 눅 22:32   5) 요일 3:9; 요일 2:27   6) 렘 32:40; 요 10:28
7) 벧전 1:5

문 80. 참 신자들은 자신들이 은혜의 상태에 있으며, 구원에 이르기까지 그 상태에서 견인한다는 것을 틀림없이 확신할 수 있는가?

답. 그리스도를 참되게 믿고 그 앞에서 모든 선한 양심으로 행하고자 노력하는 사람들은,[1] 비범한 계시가 없어도, 하나님의 언약의 진리에 근거한 믿음으로, 그리고 생명의 언약을 약속하시는 은혜를 구별할 수 있게 하시며[2] 자신들이 하나님의 자녀라는 것을 그들의 영에게 확증하시는 성령으로 말미암아,[3] 자신들이 은혜의 상태에 있으며 구원에 이르기까지 그 상태에서 견인한다는 것을 틀림없이 확신할 수 있다.[4]

1) 요일 2:3
2) 고전 2:12; 요일 3:14, 18–19, 21, 24; 요일 4:13, 16; 히 6:11–12
3) 롬 8:16   4) 요일 5:13

Q 81. Are all true believers at all times assured of their present being in the estate of grace, and that they shall be saved?

A. Assurance of grace and salvation not being of the essence of faith, true believers may wait long before they obtain it; and, after the enjoyment thereof, may have it weakened and intermitted, through manifold distempers, sins, temptations, and desertions; yet are they never left without such a presence and support of the Spirit of God, as keeps them from sinking into utter despair.

Eph. 1:13; Isa. 50:10; Ps. 88:1-18; Ps. 77:1-12; Song of Songs 5:2-3, 6; Ps. 51:8, 12; Ps. 31:22; Ps. 22:1; 1John 3:9; Job 13:15; Ps. 73:15, 23; Isa. 54:7-10

Q 82. What is the communion in glory which the members of the invisible Church have with Christ?

A. The communion in glory which the members of the invisible Church have with Christ, is in this life, immediately after death, and at last perfected at the resurrection and day of judgment.

2Cor. 3:18; Luke 23:43; 1Thess. 4:17

문 81. 모든 참 신자들이 현재 그들이 은혜의 상태에 있으며 장차 구원 받으리라는 것을 언제나 확신할 수 있는가?

답. 은혜와 구원에 대한 확신은 신앙의 본질적 요소는 아니므로,[1] 참 신자라도 그 확신을 갖기까지 오래 기다릴 수 있으며,[2] 그것을 누린 후에도 여러 가지 병약함이나 죄, 유혹, 탈선 등으로 인해 확신이 약해지거나 잠시 중단되기도 하지만,[3] 결코 하나님의 영의 임재와 보호는 그들을 떠나지 않으며 그들을 완전한 절망에 빠지지 않게 지키신다.[4]

1) 엡 1:13 2) 사 50:10; 시 88:1-18
3) 시 77:1-12; 아 5:2-3, 6; 시 51:8, 12; 시 31:22; 시 22:1
4) 요일 3:9; 욥 13:15; 시 73:15, 23; 사 54:7-10

문 82. 무형 교회의 회원들이 그리스도와 함께 누리는 영광 안에서의 교통은 무엇인가?

답. 무형 교회의 회원들이 그리스도와 함께 누리는 영광 안에서의 교통은 이 세상에서도,[1] 또 죽음 직후에도 있으며,[2] 그리고 마침내 부활과 심판의 날에 완전하게 된다.[3]

1) 고후 3:18 2) 눅 23:43 3) 살전 4:17

Q 83. What is the communion in glory with Christ which the members of the invisible Church enjoy in this life?

A. The members of the invisible Church have communicated to them in this life the first-fruits of glory with Christ, as they are members of him their head, and so in him are interested in that glory which he is fully possessed of; and, as an earnest thereof, enjoy the sense of God's love, peace of conscience, joy in the Holy Ghost, and hope of glory; as, on the contrary, sense of God's revenging wrath, horror of conscience, and a fearful expectation of judgment, are to the wicked the beginning of their torments which they shall endure after death.

Eph. 2:6; Rom. 5:5 with 2Cor. 1:22; Rom. 5:1-2; Rom. 14:17; Gen. 4:13; Matt. 27:4; Heb. 10:27; Rom. 2:9; Mark 9:44

Q 84. Shall all men die?

A. Death being threatened as the wages of sin, it is appointed unto all men once to die; for that all have sinned.

Rom. 6:23; Heb. 9:27; Rom. 5:12

문 83. 무형 교회의 회원들이 이 세상에 사는 동안 그리스도와 함께 누리는 영광 안에서의 교통은 무엇인가?

답. 무형 교회의 회원들은, 그들의 머리 되시는 그리스도의 지체로서, 이 세상에서 영광의 첫 열매를 그리스도와 함께 나누며, 그리스도 안에서 그가 충만하게 지니신 영광에 관심을 가지고,[1] 그 보증으로 하나님의 사랑,[2] 양심의 평화, 성령 안에서의 기쁨, 영광의 소망을[3] 즐거이 누린다. 반면에 하나님의 복수의 진노에 대한 인식, 양심의 공포, 심판에 대한 두려운 예측은 악한 자들이 죽은 후에 겪을 고통의 시작이다.[4]

1) 엡 2:6 2) 롬 5:5; 고후 1:22 3) 롬 5:1–2; 롬 14:17
4) 창 4:13; 마 27:4; 히 10:27; 롬 2:9; 막 9:44

문 84. 모든 사람들은 죽는가?

답. 사망이 죄의 삯이라고 경고되었기에,[1] 모든 사람이 죄를 범하였으므로[3] 한 번 죽는 것은 모든 사람에게 정해진 것이다.[2]

1) 롬 6:23 2) 히 9:27 3) 롬 5:12

Q 85. Death, being the wages of sin, why are not the righteous delivered from death, seeing all their sins are forgiven in Christ?

A. The righteous shall be delivered from death itself at the last day, and even in death are delivered from the sting and curse of it; so that, although they die, yet it is out of God's love, to free them perfectly from sin and misery, and to make them capable of further communion with Christ in glory, which they then enter upon.

1Cor. 15:26, 55-57; Heb. 2:15; Isa. 57:1-2; 2Kings 22:20; Rev. 14:13; Eph. 5:27; Luke 23:43; Phil. 1:23

Q 86. What is the communion in glory with Christ, which the members of the invisible Church enjoy immediately after death?

A. The communion in glory with Christ, which the members of the invisible Church enjoy immediately after death, is, in that their souls are then made perfect in holiness, and received into the highest heavens, where they behold the face of God in light and glory; waiting for the full redemption of their bodies, which even in death continue united to Christ, and rest in their graves, as in their beds, till at the last day they be again united with their souls. Whereas the souls of the wicked are at their death cast into hell, where they remain in torments and utter darkness; and their bodies kept in their graves, as in their prisons, until the resurrection and judgment of the great day.

Heb. 12:23; 2 Cor. 5:1, 6, 8; Phil. 1:23; Acts 3:21; Eph. 4:10; 1John 3:2; 1Cor. 13:12; Rom. 8:23; Ps. 16:9; 1Thess. 4:14; Isa. 57:2; Job 19:26-27; Luke 16:23-24; Acts 1:25; Jude 1:6-7

문 85. 사망이 죄의 삯이라면, 그리스도 안에서 자신들의 모든 죄를 용서 받은 의인들은 왜 죽음으로부터 구함 받지 못하는가?

답. 의인들은 마지막 날에 사망 자체로부터 구함을 받을 것인데, 죽을 때에 사망의 쏘는 것과 저주로부터 구함을 받으며,[1] 비록 죽더라도 하나님의 사랑 때문에[2] 죄와 비참함에서 완전히 자유롭게 되고,[3] 그 후 들어가게 되는 영광 가운데 계신 그리스도와 더 깊은 교통을 누릴 수 있게 하신다.[4]

1) 고전 15:26, 55–57; 히 2:15 2) 사 57:1–2; 왕하 22:20
3) 계 14:13; 엡 5:27 4) 눅 23:43; 빌 1:23

문 86. 무형 교회 회원들이 죽음 직후에 영광 안에서 그리스도와 함께 누리는 교통함은 무엇인가?

답. 무형 교회 회원들이 죽음 직후에 영광 안에서 그리스도와 함께 누리는 교통은, 그들의 혼이 완전히 거룩하게 되고[1] 가장 높은 하늘로 받아들여져[2] 그곳에서 빛과 영광 중에 하나님의 얼굴을 마주하는 것인데,[3] 죽어서도 계속 그리스도와 연합되어 있는 그들의 몸은,[5] 완전한 구속을 기다리며[4] 마지막 날에 그들의 몸이 다시 혼과 연합될 때까지[7] 침상에 있듯이 무덤에서 안식한다.[6] 그러나 악인의 혼은 죽을 때에 지옥에 던져지고, 거기에서 고통과 깊은 흑암 속에 남아 있으며, 그들의 몸은 부활과 심판의 큰 날까지 감옥에 있는 것처럼 무덤 안에 갇혀 있게 된다.[8]

1) 히 12:23 2) 고후 5:1, 6, 8; 빌 1:23; 행 3:21; 엡 4:10
3) 요일 3:2; 고전 13:12 4) 롬 8:23; 시 16:9 5) 살전 4:14 6) 사 57:2
7) 욥 19:26–27 8) 눅 16:23–24; 행 1:25; 유 1:6–7

Q 87. What are we to believe concerning the resurrection?

A. We are to believe, that, at the last day, there shall be a general resurrection of the dead, both of the just and unjust: when they that are then found alive shall in a moment be changed; and the selfsame bodies of the dead which are laid in the grave, being then again united to their souls for ever, shall be raised up by the power of Christ. The bodies of the just, by the Spirit of Christ, and by virtue of his resurrection as their head, shall be raised in power, spiritual, incorruptible, and made like to his glorious body; and the bodies of the wicked shall be raised up in dishonor by him, as an offended judge.

Acts 24:15; 1Cor. 15:51-53; 1Thess. 4:15-17; John 5:28-29;
1Cor. 15:21-23, 42-44; Phil. 3:21; John 5:27-29; Matt. 25:33

Q 88. What shall immediately follow after the resurrection?

A. Immediately after the resurrection shall follow the general and final judgment of angels and men; the day and hour whereof no man knoweth, that all may watch and pray, and be ever ready for the coming of the Lord.

2Pet. 2:4; Jude 1:6-7, 14-15; Matt. 25:46; Matt. 24:36, 42, 44;
Luke 21:35-36

문 87. 우리가 부활에 대해 믿어야 할 것은 무엇인가?

답. 우리는 마지막 날에, 죽은 자들은 의인이나 악인 모두가 부활할 것 (일반 부활)이고,[1] 그때 살아있는 자들은 순식간에 변화될 것을, 그리고 무덤에 묻힌 죽은 자들의 바로 그 몸이 그들의 혼과 영원히 연합되어 그리스도의 권능으로 일어나게 될 것을 믿어야 한다.[2] 의인들의 몸은 그리스도의 영과 그들의 머리이신 그리스도의 부활에 힘입어 권능 가운데 신령하고 썩지 않는 몸으로 일어나 그리스도의 영광스러운 몸과 같이 될 것이다.[3] 악인들의 몸은 진노하시는 심판관이신 그리스도에 의해 수치스럽게 일어날 것이다.[4]

1) 행 24:15 2) 고전 15:51-53; 살전 4:15-17; 요 5:28-29
3) 고전 15:21-23, 42-44; 빌 3:21 4) 요 5:27-29; 마 25:33

문 88. 부활 직후에는 어떤 일이 뒤따르는가?

답. 부활 직후에는 천사들과 사람들에 대한 총체적인 최후의 심판이 있을 것인데,[1] 그날과 시간은 어떤 사람도 모르기에 모두 주의하고 기도하며 주님의 오심을 언제나 준비해야 한다.[2]

1) 벧후 2:4; 유 1:6-7, 14-15; 마 25:46
2) 마 24:36, 42, 44; 눅 21:35-36

Q. 89. What shall be done to the wicked at the day of judgment?

A. At the day of judgment, the wicked shall be set on Christ's left hand, and, upon clear evidence and full conviction of their own consciences, shall have the fearful but just sentence of condemnation pronounced against them; and thereupon shall be cast out from the favorable presence of God, and the glorious fellowship with Christ, his saints, and all his holy angels, into hell, to be punished with unspeakable torments both of body and soul, with the devil and his angels for ever.

Matt. 25:33; Rom. 2:15-16; Matt. 25:41-43; Luke 16:26; 2 Thess. 1:8-9

Q 90. What shall be done to the righteous at the day of judgment?

A. At the day of judgment, the righteous, being caught up to Christ in the clouds, shall be set on his right hand, and there openly acknowledged and acquitted, shall join with him in the judging of reprobate angels and men, and shall be received into heaven, where they shall be fully and for ever freed from all sin and misery; filled with inconceivable joys, made perfectly holy and happy both in body and soul, in the company of innumerable saints and holy angels, but especially in the immediate vision and fruition of God the Father, of our Lord Jesus Christ, and of the Holy Spirit, to all eternity. And this is the perfect and full communion, which the members of the invisible Church shall enjoy with Christ in glory, at the resurrection and day of judgment.

1Thess. 4:17; Matt. 25:33; Matt. 10:32; 1Cor. 6:2-3; Matt. 25:34, 46;

Eph. 5:27; Rev. 14:13; Ps. 16:11; Heb. 12:22-23; 1John 3:2; 1Cor. 13:12;

1Thess. 4:17-18

문 89. 심판 날에 악인들에게는 어떤 일이 일어날 것인가?

답. 심판 날에 악인들은 그리스도의 왼편에 놓이고,[1] 분명한 증거와 그들 자신의 양심의 충분한 가책에 따라[2] 두려운 그러나 공정한 정죄 판결을 받을 것이다.[3] 그리고 하나님의 우호적인 임재와 그리스도와 그의 성도들과 그의 모든 거룩한 천사들과의 영광스러운 교제에서 쫓겨나 지옥으로 던져져서, 마귀와 그의 천사들과 함께 몸과 혼이 모두 영원히 말할 수 없는 고통으로 벌을 받게 된다.[4]

1) 마 25:33   2) 롬 2:15-16   3) 마 25:41-43   4) 눅 16:26; 살후 1:8-9

문 90. 심판 날에 의인들에게는 어떤 일이 일어날 것인가?

답. 심판 날에 의인들은 구름 속의 그리스도에게 끌어 올려져서[1] 그의 오른편에 놓이고, 거기서 그들은 공개적으로 인정받고 무죄 선고를 받으며,[2] 타락한 천사들과 사람들을 심판하는데 그리스도와 동참하며,[3] 모든 죄와 비참함에서 완전히 그리고 영원히 해방되는[5] 천국으로 영접될 것이며,[4] 상상할 수 없는 기쁨으로 충만하고[6] 몸과 혼이 모두 완전히 거룩하고 행복하게 되며, 수많은 성도들과 거룩한 천사들과 함께,[7] 특별히 하나님 아버지와 우리 주 예수 그리스도와 성령을 직접 대면하며 그 임재 안에서 영원토록 함께하게 된다.[8] 이것이 무형 교회의 회원들이 부활과 심판의 날에 영광 가운데 그리스도와 함께 누릴 완전하고 충만한 교통이다.

1) 살전 4:17   2) 마 25:33; 마 10:32   3) 고전 6:2-3   4) 마 25:34, 46
5) 엡 5:27; 계 14:13   6) 시 16:11   7) 히 12:22-23
8) 요일 3:2; 고전 13:12; 살전 4:17-18

제2부

하나님이
사람에게 요구하시는 의무

Part II

Duties God Requires of Man

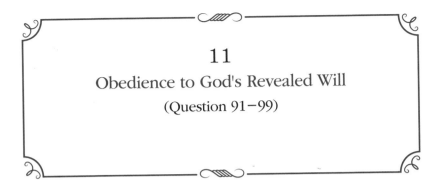

11
Obedience to God's Revealed Will
(Question 91−99)

Q 91. What is the duty which God requireth of man?

A. The duty which God requireth of man is obedience to his revealed will.

Rom. 12:1-2; Mic. 6:8; 1Sam. 15:22

Q 92. What did God at first reveal unto man as the rule of his obedience?

A. The rule of obedience revealed to Adam in the estate of innocence, and to all mankind in him, beside a special command not to eat of the fruit of the tree of the knowledge of good and evil, was the moral law.

Gen. 1:26-27; Rom. 2:14-15; Rom. 10:5; Gen. 2:17

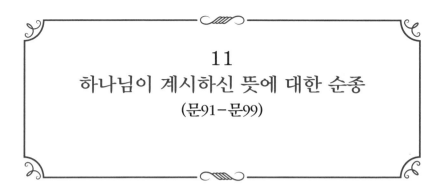

11
하나님이 계시하신 뜻에 대한 순종
(문91–문99)

문 91. 하나님께서 사람에게 요구하시는 의무는 무엇인가?

답. 하나님께서 사람에게 요구하시는 의무는 그의 계시된 뜻에 순종하는 것이다.

롬 12:1–2; 미 6:8; 삼상 15:22

문 92. 하나님께서 그의 순종의 법칙으로 사람에게 처음 계시하신 것은 무엇인가?

답. 죄가 없는 상태에 있던 아담과 그의 안에 있는 모든 인류에게 계시된 순종의 법칙은, 선악을 알게 하는 나무의 열매를 먹지 말라는 특별한 명령과 그와 함께 주신 도덕법이다.

창 1:26–27; 롬 2:14–15; 롬 10:5; 창 2:17

Q 93. What is the moral law?

A. The moral law is the declaration of the will of God to mankind, directing and binding every one to personal, perfect, and perpetual conformity and obedience thereunto, in the frame and disposition of the whole man, soul and body, and in performance of all those duties of holiness and righteousness which he oweth to God and man: promising life upon the fulfilling, and threatening death upon the breach of it.
Deut. 5:1-3, 31, 33; Luke 10:26-27; Gal. 3:10; 1Thess. 5:23; Luke 1:75; Acts 24:16; Rom. 10:5; Gal. 3:10, 12

Q 94. Is there any use of the moral law to man since the fall?

A. Although no man, since the fall, can attain to righteousness and life by the moral law; yet there is great use thereof, as well common to all men, as peculiar either to the unregenerate, or the regenerate.
Rom. 8:3; Gal. 2:16; 1Tim. 1:8

문 93. 도덕법은 무엇인가?

답. 도덕법은 인류에게 선포하신 하나님의 의지이다. 혼과 육신을 가진 온전한 사람의 성향과 기질을 가지고[1] 하나님과 사람에게 마땅히 해야 할 거룩과 공의의 모든 의무를 행함에 있어, 모든 사람들에게 이 도덕법에 인격적으로 완전하며 지속적인 순응과 복종을 지시하고 요구하신다.[2] 이를 성취하면 생명을, 어기면 죽음을 경고하셨다.[3]

1) 신 5:1–3, 31, 33; 눅 10:26–27; 갈 3:10; 살전 5:23
2) 눅 1:75; 행 24:16 3) 롬 10:5; 갈 3:10, 12

문 94. 타락 후의 사람에게 도덕법은 무슨 쓸모가 있는가?

답. 비록 타락 후에는 아무도 도덕법을 지킴으로 의와 생명에 이를 수 없지만,[1] 중생하지 못한 자든 중생한 자든, 모든 사람에게 공통적으로 도덕법은 매우 쓸모가 있다.[2]

1) 롬 8:3; 갈 2:16 2) 딤전 1:8

Q 95. Of what use is the moral law to all men?

A. The moral law is of use to all men, to inform them of the holy nature and will of God, and of their duty, binding them to walk accordingly; to convince them of their disability to keep it, and of the sinful pollution of their nature, hearts, and lives; to humble them in the sense of their sin and misery, and thereby help them to a clearer sight of the need they have of Christ, and of the perfection of his obedience.

Lev. 11:44-45; Lev. 20:7-8; Rom. 7:12; Mic. 6:8; Jas. 2:10-11; Ps. 19:11-12; Rom. 3:20; Rom. 7:7; Rom. 3:9, 23; Gal. 3:21-22; Rom. 10:4

Q 96. What particular use is there of the moral law to unregenerate men?

A. The moral law is of use to unregenerate men, to awaken their consciences to flee from wrath to come, and to drive them to Christ; or, upon their continuance in the estate and way of sin, to leave them inexcusable, and under the curse thereof.

1 Tim. 1:9-10; Gal. 3:24; Rom. 1:20; Rom. 2:15; Gal. 3:10

문 95. 도덕법은 모든 사람들에게 어떤 쓸모가 있는가?

답. 도덕법은 하나님의 거룩한 성품과 의지,[1] 이를 따라서 그들이 살아가야 할 의무를 알게 하기에[2] 모든 사람들에게 쓸모가 있고, 또한 사람들이 이 도덕법을 지킬 수 없음과 그들의 본성과 마음과 삶이 죄로 오염되어 있음을 확실히 깨닫게 하며,[3] 그들의 죄와 비참함을 느끼고 겸손하게 하여[4] 그로 말미암아 그들에게 그리스도와[5] 그의 완전한 순종이 필요하다는 것을[6] 더욱 확실히 보도록 도와준다.

1) 레 11:44-45; 레 20:7-8; 롬 7:12   2) 미 6:8; 약 2:10-11
3) 시 19:11-12; 롬 3:20; 롬 7:7   4) 롬 3:9, 23   5) 갈 3:21-22
6) 롬 10:4

문 96. 도덕법은 중생하지 못한 사람들에게 어떤 독특한 쓸모가 있는가?

답. 도덕법은 중생하지 못한 사람들의 양심을 깨워 장차 올 진노를 피하게 하고[1] 그리스도께로 나아가게 하는 유익이 있으며,[2] 그들이 죄의 상태와 길에 계속 머물러 있다면, 그들이 아무 핑계도 댈 수 없게 하며,[3] 죄의 저주 아래 있게 한다.[4]

1) 딤전 1:9-10   2) 갈 3:24   3) 롬 1:20; 롬 2:15   4) 갈 3:10

Q 97. What special use is there of the moral law to the regenerate?

A. Although they that are regenerate, and believe in Christ, be delivered from the moral law as a covenant of works, so as thereby they are neither justified nor condemned: yet, beside the general uses thereof common to them with all men, it is of special use to show them how much they are bound to Christ for his fulfilling it, and enduring the curse thereof in their stead and for their good; and thereby to provoke them to more thankfulness, and to express the same in their greater care to conform themselves thereunto as the rule of their obedience.

Rom. 6:14; Rom. 7:4, 6; Gal. 4:4-5; Rom. 3:20; Gal. 5:23; Rom. 8:1; Rom. 7:24-25; Gal. 3:13-14; Rom. 8:3-4; Luke 1:68-69, 74-75; Col. 1:12-14; Rom. 7:22; Rom. 12:2; Titus 2:11-14

Q 98. Where is the moral law summarily comprehended?

A. The moral law is summarily comprehended in the ten commandments, which were delivered by the voice of God upon mount Sinai, and written by him in two tables of stone; and are recorded in the twentieth chapter of Exodus. The four first commandments containing our duty to God, and the other six our duty to man.

Deut. 10:4; Ex. 34:1-4; Matt. 22:37-40

문 97. 도덕법은 중생한 사람들에게 어떤 특별한 쓸모가 있는가?

답. 중생하여 그리스도를 믿는 사람들은 행위 언약으로서의 도덕법에서는 자유롭게 되었기에,[1] 이로써 칭의를 받거나[2] 정죄 받지 않는다.[3] 그러나 모든 사람에게 공통적으로 유익한 점들 외에, 도덕법은 그것을 완성하시고 중생한 자들을 대신해서 또 그들의 유익을 위해 율법의 저주를 견디신 그리스도에게 중생한 자들이 얼마나 긴밀히 묶여있는지를 보여주는 특별한 유익이 있으며,[4] 그로 말미암아 그들이 더욱 감사하며,[5] 이 감사를 표현하기 위해 자신들의 순종의 법칙으로서의 도덕법을 따르려고 더욱 조심하게 한다.[6]

1) 롬 6:14; 롬 7:4, 6; 갈 4:4–5   2) 롬 3:20   3) 갈 5:23; 롬 8:1
4) 롬 7:24–25; 갈 3:13–14; 롬 8:3–4
5) 눅 1:68–69, 74–75; 골 1:12–14   6) 롬 7:22; 롬 12:2; 딛 2:11–14

문 98. 도덕법은 어디에 요약되어 있는가?

답. 도덕법은 십계명에 요약되어 있는데, 이 십계명은 시내산에서 하나님이 음성으로 전해주시고 두 돌 판에 하나님이 친히 쓰신 것으로,[1] 출애굽기 20장에 기록되어 있다. 처음 네 계명은 하나님에 대한 우리의 의무를, 나머지 여섯 계명은 사람에 대한 우리의 의무를 담고 있다.[2]

1) 신 10:4; 출 34:1–4   2) 마 22:37–40

Q 99. What rules are to be observed for the right understanding of the ten commandments?

A. For the right understanding of the ten commandments, these rules are to be observed:

1. That the law is perfect, and bindeth every one to full conformity in the whole man unto the righteousness thereof, and unto entire obedience for ever; so as to require the utmost perfection of every duty, and to forbid the least degree of every sin.

2. That it is spiritual, and so reacheth the understanding, will, affections, and all other powers of the soul; as well as words, works, and gestures.

3. That one and the same thing, in divers respects, is required or forbidden in several commandments.

4. That as, where a duty is commanded, the contrary sin is forbidden; and, where a sin is forbidden the contrary duty is commanded: so, where a promise is annexed, the contrary threatening is included; and, where a threatening is annexed, the contrary promise is included.

5. That what God forbids, is at no time to be done; what he commands, is always our duty; and yet every particular duty is not to be done at all times.

6. That under one sin or duty, all of the same kind are forbidden or commanded; together with all the causes, means, occasions, and appearances thereof, and provocations thereunto.

7. That what is forbidden or commanded to ourselves, we are bound, according to our places, to endeavor that it may be avoided or performed by others, according to the duty of their

문 99. 십계명을 올바로 이해하기 위해 지켜야할 법칙들은 무엇인가?

답. 십계명을 올바로 이해하기 위해 지켜야할 법칙들은 아래와 같다.

1. 율법은 완전하기에, 율법의 의에 이르기까지 전인격적으로 율법을 온전히 따르며 영원토록 전적으로 순종하도록 모든 사람들을 속박한다. 따라서 모든 의무를 지극히 완전하게 지킬 것과 어떤 죄라도 지극히 경미하게라도 범하지 말 것을 요구한다.[1]

2. 율법은 영적인 것이기에, 율법은 말과 행위와 몸짓뿐 아니라 이해와 의지와 정서, 그리고 혼의 다른 모든 능력에까지 영향을 미친다.[2]

3. 하나의 동일한 것이 다양한 관점에서 여러 계명에서 요구되거나 금지된다.[3]

4. 의무가 요구되었으면 그 의무와 반대되는 죄는 금지된 것이고,[4] 죄가 금지되었으면 그 죄와 반대되는 의무가 명령된 것이다.[5] 약속이 주어졌으면 그와 반대되는 경고가 포함된 것이고,[6] 경고가 주어졌으면 그와 반대되는 약속이 포함된 것이다.[7]

5. 하나님께서 금지한 것은 언제라도 해서는 안되며,[8] 그가 명하시는 것은 언제나 우리의 의무인데,[9] 모든 특정한 의무를 항상 행해야 하는 것은 아니다.[10]

6. 한 가지 죄나 의무 아래에 그와 유사한 모든 것이 금해졌거나 명해졌는데, 이들의 모든 원인, 수단, 기회, 모양과 충동까지도 그 죄나 의무에 포함되어 있다.[11]

7. 우리들에게 금하거나 명령된 일들을, 다른 사람들도 그들의 의무와 지위에 따라 피하거나 행할 수 있도록, 우리의 위치에서 그들을 위해 힘써야 할 의무가 우리에게 있다.[12]

8. 다른 사람들에게 명령된 것에는 우리의 지위와 소명에 따라 그들이 행할 수 있도록 도와야 하며,[13] 그들에게 금지된 것에는 우리가 동

places.

8. That in what is commanded to others, we are bound, according to our places and callings, to be helpful to them; and to take heed of partaking with others in what is forbidden them.

Ps. 19:7; Jas. 2:10; Matt. 5:21-22; Rom. 7:14; Deut. 6:5; Matt. 22:37-39;
Matt. 5: 27-28, 33-34, 37-39, 43-44; Col. 3:5; Amos 8:5; Prov. 1:19;
1Tim. 6:10; Isa. 58:13; Deut. 6:13; Matt. 4:9-10; Matt. 15:4-6; Matt. 5:21-24;
Eph. 4:28; Ex. 20:12; Prov. 30:17; Jer. 18:7-8; Ex. 20:7; Ps. 15:1, 4-5;
Ps. 24:4-5; Job 13:7-8; Rom. 3:8; Job 36:21; Heb. 11:25; Deut. 4:8-9;
Matt. 12:7, Matt. 5:21-22, 27-28; Matt. 15:4-6; Heb. 10:24-25; 1Thess. 5:22;
Jude 1:23; Gal. 5:26; Col. 3:21; Ex. 20:10; Lev. 19:17; Gen. 18:19;
Josh. 24:15: Deut. 6:6-7; 2 Cor. 1:24; 1Tim. 5:22; Eph. 5:11

참하지 않도록 조심해야 한다.[14]

1) 시 19:7; 약 2:10; 마 5:21-22
2) 롬 7:14; 신 6:5; 마 22:37-39; 마 5: 27-28, 33-34, 37-39, 43-44
3) 골 3:5; 암 8:5; 잠 1:19; 딤전 6:10
4) 사 58:13; 신 6:13; 마 4:9-10; 마 15:4-6   5) 마 5:21-24; 엡 4:28
6) 출 20:12; 잠 30:17
7) 렘 18:7-8; 출 20:7; 시 15:1, 4-5; 시 24:4-5
8) 욥 13:7-8; 롬 3:8; 욥 36:21; 히 11:25   9) 신 4:8-9   10) 마 12:7
11) 마 5:21-22, 27-28; 마 15:4-6; 히 10:24-25; 살전 5:22; 유 1:23;
      갈 5:26; 골 3:21
12) 출 20:10; 레 19:17; 창 18:19; 수 24:15; 신 6:6-7   13) 고후 1:24
14) 딤전 5:22; 엡 5:11

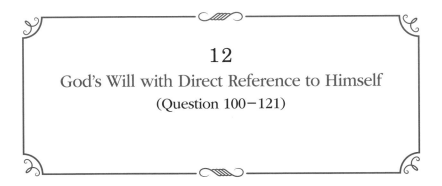

12

God's Will with Direct Reference to Himself
(Question 100−121)

Q 100. What special things are we to consider in the ten commandments?

A. We are to consider in the ten commandments, the preface, the substance of the commandments themselves, and the several reasons annexed to some of them the more to enforce them.

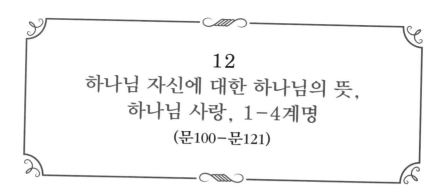

12
하나님 자신에 대한 하나님의 뜻,
하나님 사랑, 1-4계명
(문100-문121)

문 100. 십계명에서 우리가 특별히 고려해야 할 것들은 무엇인가?

답. 우리는 십계명의 서문과 계명들 자체의 내용과 계명들을 더 잘 지
키게 하기 위해 몇 가지 계명에 첨가된 이유들을 고려해야 한다.

Q 101. What is the preface to the ten commandments?

A. The preface to the ten commandments is contained in these words, I am the Lord thy God, which have brought thee out of the land of Egypt, out of the house of bondage. Wherein God manifesteth his sovereignty, as being Jehovah, the eternal, immutable, and almighty God; having his being in and of himself, and giving being to all his words and works: and that he is a God in covenant, as with Israel of old, so with all his people; who, as he brought them out of their bondage in Egypt, so he delivereth us from our spiritual thraldom: and that therefore we are bound to take him for our God alone, and to keep all his commandments.
Ex. 20:2; Isa. 44:6; Ex. 3:14; Ex. 6:3; Acts 17:24, 28; Gen. 17:7; Rom. 3:29; Luke 1:74-75; 1Pet. 1:15-18; Lev. 18:30; Lev. 19:37

Q 102. What is the sum of the four commandments which contain our duty to God?

A. The sum of the four commandments containing our duty to God, is, to love the Lord our God with all our heart, and with all our soul, and with all our strength, and with all our mind.
Luke 10:27

Q 103. Which is the first commandment?

A. The first commandment is, Thou shalt have no other gods before me.
Ex. 20:3

문 101. 십계명의 서문은 무엇인가?

답. 십계명의 서문은 "나는 너희를 이집트 땅, 종살이하던 집에서 이끌어 낸 주(여호와) 너희의 하나님이다"이다.[1] 이 말씀에서 하나님은 여호와(스스로 있는 자)로서 영원하시고 불변하시며 전능하신 하나님이신 그의 주권을 나타내시며,[2] 스스로 계신 분으로서[3] 자신의 모든 말씀[4]과 하시는 일에 존재를 부여하시는 분임을 나타내신다.[5] 또 옛 이스라엘과 언약을 맺으신 것처럼 자신의 모든 백성과 언약을 맺으시는 하나님이심을 나타내신다.[6] 이스라엘을 이집트 종살이에서 인도해 내신 것 같이 우리를 영적인 속박에서 건지시기에,[7] 우리는 오직 그만을 우리의 유일한 하나님으로 삼아 그의 모든 계명을 지켜야 한다.[8]

1) 출 20:2 2) 사 44:6 3) 출 3:14 4) 출 6:3 5) 행 17:24, 28
6) 창 17:7; 롬 3:29 7) 눅 1:74–75
8) 벧전 1:15–18; 레 18:30; 레 19:37

문 102. 하나님에 대한 우리의 의무를 담고 있는 네 계명의 요약은 무엇인가?

답. 하나님에 대한 우리의 의무를 담고 있는 네 계명의 요약은, 마음을 다하고 목숨을 다하고 힘을 다하고 뜻을 다하여 주 우리 하나님을 사랑하라는 것이다.

눅 10:27

문 103. 제1계명은 무엇인가?

답. 제1계명은 '너는 내 앞에서 다른 신들을 섬기지 못한다'이다.

출 20:3

Q 104. What are the duties required in the first commandment?

A. The duties required in the first commandment are, the knowing and acknowledging of God to be the only true God, and our God; and to worship and glorify him accordingly, by thinking, meditating, remembering, highly esteeming, honoring, adoring, choosing, loving, desiring, fearing of him; believing him; trusting, hoping, delighting, rejoicing in him; being zealous for him; calling upon him; giving all praise and thanks, and yielding all obedience and submission to him with the whole man; being careful in all things to please him, and sorrowful when in anything he is offended; and walking humbly with him.

1Chr. 28:9; Deut. 26:17; Isa. 43:10; Jer. 14:22; Ps. 95:6-7; Matt. 4:10;
Ps. 29:2; Mal. 3:16; Ps. 63:6; Ecc. 12:1; Ps. 71:19; Mal. 1:6; Isa. 45:23;
Josh. 24:15, 22; Deut. 6:5; Ps. 73:25; Isa. 8:13; Ex. 14:31; Isa. 26:4;
Ps. 130:7; Ps. 37:4; Ps. 32:11; Rom. 12:11; Num. 25:11; Phil. 4:6; Jer. 7:23;
Jas 4:7; 1 John 3:22; Jer. 31:18; Ps. 119:136; Mic. 6:8

문 104. 제1계명에서 요구하는 의무들은 무엇인가?

답. 제1계명이 요구하는 의무들은, 하나님만이 홀로 참되신 신이시며 우리의 하나님이신 것을 알고 인정하는 것이며,[1] 그를 생각하고[3] 묵상하고[4] 기억하고[5] 지극히 높이고[6] 존경하고[7] 흠모하고[8] 선택하고[9] 사랑하고[10] 갈망하고[11] 경외함으로[12] 하나님을 합당하게 예배하고 영화롭게 하는 것이며,[2] 그를 믿는 것이며,[13] 하나님 안에서 신뢰하고[14] 바라고[15] 기뻐하고[16] 그 안에서 즐거워하는 것이며,[17] 그에 대한 열심을 갖는 것이며,[18] 그의 이름을 부르는 것이며, 모든 찬송과 감사를 드리고[19] 그에게 전 인격을 다해 전적으로 순종하고 복종하는 것이며,[20] 모든 일에 하나님을 기쁘시게 하기 위해 조심하고[21] 무슨 일이든 하나님을 노엽게 했을 때 슬퍼하는 것이며,[22] 그와 겸손히 동행하는 것이다.[23]

1) 대상 28:9; 신 26:17; 사 43:10; 렘 14:22
2) 시 95:6–7; 마 4:10; 시 29:2   3) 말 3:16   4) 시 63:6   5) 전 12:1
6) 시 71:19   7) 말 1:6   8) 사 45:23   9) 수 24:15, 22   10) 신 6:5
11) 시 73:25   12) 사 8:13   13) 출 14:31   14) 사 26:4   15) 시 130:7
16) 시 37:4   17) 시 32:11   18) 롬 12:11; 민 25:11   19) 빌 4:6
20) 렘 7:23; 약 4:7   21) 요일 3:22   22) 렘 31:18; 시 119:136
23) 미 6:8

Q 105. What are the sins forbidden in the first commandment?

A. The sins forbidden in the first commandment are atheism, in denying, or not having a God; idolatry, in having or worshiping more gods than one, or any with, or instead of the true God; the not having and avouching him for God, and our God; the omission or neglect of any thing due to him, required in this commandment; ignorance, forgetfulness, misapprehensions, false opinions, unworthy and wicked thoughts of him; bold and curious searching into his secrets; all profaneness, hatred of God; self-love, self-seeking, and all other inordinate and immoderate setting of our mind, will, or affections upon other things, and taking them off from him in whole or in part; vain credulity, unbelief, heresy, misbelief, distrust, despair, incorrigibleness, and insensibleness under judgments; hardness of heart; pride; presumption; carnal security; tempting of God; using unlawful means, and trusting in lawful means; carnal delights and joys; corrupt, blind, and indiscreet zeal; lukewarmness, and deadness in the things of God; estranging ourselves, and apostatizing from God; praying, or giving any religious worship, to saints, angels, or any other creatures; all compacts and consulting with the devil, and hearkening to his suggestions; making men the lords of our faith and conscience; slighting and despising God and his commands; resisting and grieving of his Spirit, discontent and impatience at his dispensations, charging him foolishly for the evils he inflicts on us; and ascribing the praise of any good we either are, have, or can do, to fortune, idols, ourselves, or any other creature.

문 105. 제1계명에서 금하는 죄들은 무엇인가?

답. 제1계명이 금하는 죄들은 다음과 같다. 하나님을 부인하거나 하나님이 없다는 무신론,[1] 참 하나님 대신에 또는 그에 더해서 다른 신이나, 하나 이상의 여러 신을 모시거나 경배하는 우상숭배,[2] 하나님을 하나님으로, 그리고 우리의 하나님으로 받고 인정하지 않는 것,[3] 이 계명이 요구하는 하나님께 마땅히 드려야 할 것들을 생략하거나 태만히 하는 것,[4] 하나님에 대한 무지[5] 망각[6] 오해[7] 그릇된 의견과[8] 하나님에 대한 무가치하고 악한 생각,[9] 하나님의 비밀에 대해 당돌한 호기심으로 파고드는 행위,[10] 하나님에 대한 모든 모독과[11] 증오,[12] 자기 사랑과[13] 자기 이익 추구를[14] 포함해서 우리의 지성과 의지와 애정이 전체적으로나 부분적으로 하나님을 떠나 다른 것들에게 과도하거나 부적절하게 고정되는 것,[15] 헛된 맹신[16] 불신앙[17] 이단[18] 그릇된 신앙[19] 신뢰치 못함[20] 절망[21] 완강함[22] 심판에 대한 무감각[23] 마음의 완악함[24] 교만[25] 주제넘음[26] 육신의 방심과[27] 하나님을 시험하는 것,[28] 불법적인 수단을 사용하고[29] 합법적 수단이라도 그것을 의지하는 것,[30] 육욕의 기쁨과 즐거움,[31] 타락하고 맹목적이며 무분별한 열정,[32] 하나님의 일들에 대한 미지근함과[33] 무반응,[34] 하나님을 떠나 배교함.[35] 성도들이나 천사나 다른 어떤 피조물에게 기도하거나 종교적 예배를 드리는 것,[36] 마귀와 맹약하거나 의논하며[37] 그의 제안에 귀를 기울이는 것,[38] 사람들을 우리의 신앙과 양심의 주로 삼는 것,[39] 하나님과 그의 계명을 경시하고 경멸하는 것,[40] 성령을 저항하고 근심케 하는 것,[41] 하나님의 통치에 불만족하고 조급해 하여 그가 우리에게 내린 재난 때문에 하나님을 어리석게 비난하는 것,[42] 우리 안에 있는 어떤 선함이나 우리가 소유한 좋은 것이나 우리가 할 수 있는 어떤 선행에 대해 하

Ps. 14:1; Eph. 2:12; Jer. 2:27-28; 1Thess. 1:9; Ps. 81:11; Isa. 43:22-24;
Jer. 4:22; Hos. 4:1, 6; Jer. 2:32; Acts 17:23, 29; Isa. 40:18; Ps. 50:21;
Deut. 29:29; Titus 1:16; Heb. 12:16; Rom. 1:30; 2 Tim. 3:2; Phil. 2:21;
1John 2:15-16; 1Sam. 2:29; Col. 3:2, 5; 1John 4:1; Heb. 3:12; Gal. 5:20;
Titus 3:10; Acts 26:9; Ps. 78:22; Gen. 4:13; Jer. 5:3; Isa. 42:25; Rom. 2:5;
Jer. 13:15; Ps. 19:13; Zeph. 1:12; Matt. 4:7; Rom. 3:8; Jer. 17:5; 2Tim. 3:4;
Gal. 4:17; John 16:2; Rom. 10:2; Luke 9:54-55; Rev. 3:16; Rev. 3:1;
Ezek. 14:5; Isa. 1:4-5; Rom. 10:13-14; Hos. 4:12; Acts 10:25-26;
Rev. 19:10; Matt. 4:10; Col. 2:18; Rom. 1:25; Lev. 20:6; 1Sam. 28:7, 11;
1Chr. 10:13-14; Acts 5:3; 2Cor. 1:24; Matt. 23:9; Deut. 32:15; 2Sam. 12:9;
Prov. 13:13; Acts 7:51; Eph. 4:30; Ps. 73:2-3, 13-15, 22; Job 1:22;
1Sam. 6:7-9; Dan. 5:23; Deut. 8:17; Dan. 4:30; Hab. 1:16

Q 106. What are we especially taught by these words (before me) in the first commandment?

A. These words (before me) or before my face, in the first commandment teach us that God who seeth all things, taketh special notice of, and is much displeased with, the sin of having any other god; that so it may be an argument to dissuade from it, and to aggravate it as a most impudent provocation; as also to persuade us to do as in his sight, whatever we do in his service.

Ezek. 8:5-18; Ps. 44:20-21; 1Chr. 28:9

나님께 돌려야 할 찬송을 행운이나[43] 우상이나[44] 우리 자신이나[45] 다른 어떤 피조물에게 돌리는 것들이다.[46]

1) 시 14:1; 엡 2:12 2) 렘 2:27-28; 살전 1:9 3) 시 81:11
4) 사 43:22-24 5) 렘 4:22; 호 4:1, 6 6) 렘 2:32 7) 행 17:23, 29
8) 사 40:18 9) 시 50:21 10) 신 29:29 11) 딛 1:16; 히 12:16
12) 롬 1:30 13) 딤후 3:2 14) 빌 2:21
15) 요일 2:15-16; 삼상 2:29; 골 3:2, 5 16) 요일 4:1 17) 히 3:12
18) 갈 5:20; 딛 3:10 19) 행 26:9 20) 시 78:22 21) 창 4:13
22) 렘 5:3 23) 사 42:25 24) 롬 2:5 25) 렘 13:15 26) 시 19:13
27) 습 1:12 28) 마 4:7 29) 롬 3:8 30) 렘 17:5 31) 딤후 3:4
32) 갈 4:17; 요 16:2; 롬 10:2; 눅 9:54-55 33) 계 3:16
34) 계 3:1 35) 겔 14:5; 사 1:4-5
36) 롬 10:13-14; 호 4:12; 행 10:25-26; 계 19:10; 마 4:10; 골 2:18;
    롬 1:25
37) 레 20:6; 삼상 28:7, 11; 대상 10:13-14 38) 행 5:3
39) 고후 1:24; 마 23:9 40) 신 32:15; 삼하 12:9; 잠 13:13
41) 행 7:51; 엡 4:30 42) 시 73:2-3, 13-15, 22; 욥 1:22
43) 삼상 6:7-9 44) 단 5:23 45) 신 8:17; 단 4:30 46) 합 1:16

문 106. 제1계명의 "내 앞에서"라는 말이 우리에게 특별히 가르치는 것은 무엇인가?

답. 제1계명의 "내 앞에서"(혹은 내 면전에서)라는 말은 모든 것을 보시는 하나님께서 다른 어떤 신을 두는 죄를 특별히 주목하시고 매우 불쾌해하신다는 것을 우리에게 가르쳐 주기에, 그런 죄를 짓지 못하도록 우리를 만류하고 그것을 가장 무례한 도발로 더 무겁게 보게 하며,[1] 또한 우리가 하나님을 섬기는 무슨 일이든 하나님이 보시는 앞에서 하듯이 하도록 우리를 설득하는 논증이 될 수 있다.[2]

1) 겔 8:5-18; 시 44:20-21 2) 대상 28:9

Q 107. Which is the second commandment?

A. The second commandment is, Thou shalt not make unto thee any graven image, or any likeness of anything that is in heaven above, or that is in the earth beneath, or that is in the water under the earth: thou shalt not bow down thyself to them, nor serve them: for I the Lord thy God am a jealous God, visiting the iniquity of the fathers upon the children, unto the third and fourth generation of them that hate me; and showing mercy unto thousands of them that love me, and keep my commandments.
Ex. 20:4-6

Q 108. What are the duties required in the second commandment?

A. The duties required in the second commandment are, the receiving, observing, and keeping pure and entire, all such religious worship and ordinances as God hath instituted in his Word; particularly prayer and thanksgiving in the name of Christ; the reading, preaching, and hearing of the Word; the administration and receiving of the sacraments; church government and discipline; the ministry and maintenance thereof; religious fasting; swearing by the name of God, and vowing unto him: as also the disapproving, detesting, opposing, all false worship; and, according to each one's place and calling, removing it, and all monuments of idolatry.
Deut. 32:46-47; Matt. 28:20; Acts 2:42; 1Tim. 6:13-14; Phil. 4:6; Eph. 5:20;
Deut. 17:18-19; Acts 15:21; 2Tim. 4:2; Jas. 1:21-22: Acts 10:33; Matt. 28:19;
1Cor. 11:23-30; Matt. 18:15-17; Matt. 16:19; 1Cor. 5:1-13; 1Cor. 12:28;
Eph. 4:11-12; 1Tim. 5:17-18; 1Cor. 9:7-15; Joel 2:12-13; 1Cor. 7:5;
Deut. 6:13; Isa. 19:21; Ps. 76:11; Acts 17:16-17; Ps. 16:4; Deut. 7:5;
Isa. 30:22

문 107 제2계명은 무엇인가?

답. 제2계명은 "너희는 너희가 섬기려고 위로 하늘에 있는 것이나, 아래로 땅에 있는 것이나, 땅 아래 물 속에 있는 어떤 것이든지, 그 모양을 본떠서 우상을 만들지 못한다. 너희는 그것들에게 절하거나, 그것들을 섬기지 못한다. 나, 주 너희의 하나님은 질투하는 하나님이다. 나를 미워하는 사람에게는, 그 죄값으로, 본인뿐만 아니라 삼사 대 자손에게까지 벌을 내린다. 그러나 나를 사랑하고 나의 계명을 지키는 사람에게는, 수천 대 자손에 이르기까지 한결같은 사랑을 베푼다"이다.

출 20:4-6

문 108. 제2계명에서 요구하는 의무들은 무엇인가?

답. 제2계명이 요구하는 의무들은, 하나님께서 그의 말씀으로 제정하신 모든 종교적 예배와 규례들을 받아들이고 준수하며 순수하고 온전하게 지키는 것,[1] 특별히 그리스도의 이름으로 드리는 기도와 감사,[2] 말씀을 읽고 전하고 듣는 것,[3] 성례를 시행하고 받는 것,[4] 교회 정치와 치리,[5] 교회 사역을 세우고 유지함,[6] 종교적 금식,[7] 하나님의 이름으로 맹세하고[8] 그에게 서약하는 것,[9] 모든 거짓된 예배를 부인하고 혐오하고 반대하는 것이며,[10] 그리고 각자의 지위와 소명에 따라 거짓 예배와 모든 우상 숭배의 기념물을 제거하는 것이다.[11]

1) 신 32:46-47; 마 28:20; 행 2:42; 딤전 6:13-14　2) 빌 4:6; 엡 5:20
3) 신 17:18-19; 행 15:21; 딤후 4:2; 약 1:21-22; 행 10:33
4) 마 28:19; 고전 11:23-30
5) 마 18:15-17; 마 16:19; 고전 5:1-13; 고전 12:28
6) 엡 4:11-12; 딤전 5:17-18; 고전 9:7-15　7) 욜 2:12-13; 고전 7:5
8) 신 6:13　9) 사 19:21; 시 76:11　10) 행 17:16-17; 시 16:4
11) 신 7:5; 사 30:22

Q 109. What are the sins forbidden in the second commandment?

A. The sins forbidden in the second commandment are, all devising, counselling, commanding, using, and anywise approving, any religious worship not instituted by God himself; tolerating a false religion; the making any representation of God, of all, or of any of the three Persons, either inwardly in our mind, or outwardly in any kind of image or likeness of any creature whatsoever; all worshiping of it, or God in it or by it; the making of any representation of feigned deities, and all worship of them, or service belonging to them; all superstitious devices, corrupting the worship of God, adding to it, or taking from it, whether invented and taken up of ourselves, or received by tradition from others, though under the title of antiquity, custom, devotion, good intent, or any other pretence whatsoever; simony; sacrilege; all neglect, contempt, hindering, and opposing the worship and ordinances which God hath appointed.

Num. 15:39; Deut. 13:6-8; Hos. 5:11; Mic. 6:16; 1Kings 11:33;

1Kings 12: 33; Deut. 12:30-32; Deut. 13:6-12; Zech. 13:2-3;

Rev. 2:2, 14-15, 20; Rev. 17:12, 16-17; Deut. 4:15-19; Acts 17:29;

Rom. 1:21-23, 25; Dan. 3:18; Gal. 4:8; Ex. 32:5; Ex. 32:8; 1Kings 18:26, 28;

Isa. 65:11; Acts 17:22; Col. 2:21-23; Mal. 1:7-8, 14; Deut. 4:2; Ps. 106:39;

Matt. 15:9; 1Pet. 1:18; Jer. 44:17; Isa. 65:3-5; Gal. 1:13-14;

1Sam. 13:11-12; 1Sam. 15:21; Acts 8:18; Rom. 2:22; Mal. 3:8; Ex. 4:24-26;

Matt. 22:5; Mal. 1:7, 13; Matt. 23:13; Acts 13:44-45; 1Thess. 2:15-16

문 109. 제2계명에서 금하는 죄들은 무엇인가?

답. 제2계명이 금하는 죄들은 다음과 같다. 하나님 자신이 제정하지 않은 어떤 종교적인 예배를 고안하고[1] 의논하고[2] 명령하고[3] 사용하거나[4] 어떤 식으로든 승인하는 것,[5] 거짓 종교를 용납하는 것,[6] 삼위의 하나님 전체나 그 삼위 중 어느 한 위라도 표현하고자 내적으로 우리의 마음 속으로나 외적으로 어떤 피조물의 형상이나 비슷한 모양을 만들어 하나님이라고 나타내는 것,[7] 어느 형상이든 그것을 예배하거나[8] 그 형상 안에 있는 또는 그 형상을 통한 하나님을 예배하는 것,[9] 거짓된 신들의 어떤 형상이라도 만들거나[10] 그것들을 예배하고 섬기는 모든 행위,[11] 우리가 직접 고안했든지[15] 다른 사람들로부터 고대문화나[17] 풍속[18] 경건[19] 선한 의도 혹은 다른 구실의 명목[20] 아래 전통으로 받았든지[16] 하나님께 드리는 예배에 무엇을 더하거나 제거함으로[14] 예배를 타락시키는[13] 모든 미신적 방책들,[12] 성직 매매,[21] 신성 모독,[22] 하나님께서 정하여 주신 예배와 규례를 무시하고[23] 경멸하고[24] 방해하며[25] 반대하는[26] 모든 것이다.

1) 민 15:39   2) 신 13:6-8   3) 호 5:11; 미 6:16
4) 왕상 11:33; 왕상 12: 33   5) 신 12:30-32
6) 신 13:6-12; 슥 13:2-3; 계 2:2, 14-15, 20; 계 17:12, 16-17
7) 신 4:15-19; 행 17:29; 롬 1:21-23, 25   8) 단 3:18; 갈 4:8   9) 출 32:5
10) 출 32:8   11) 왕상 18:26, 28; 사 65:11   12) 행 17:22; 골 2:21-23
13) 말 1:7-8, 14   14) 신 4:2   15) 시 106:39   16) 마 15:9   17) 벧전 1:18
18) 렘 44:17   19) 사 65:3-5; 갈 1:13-14
20) 삼상 13:11-12; 삼상 15:21   21) 행 8:18   22) 롬 2:22; 말 3:8
23) 출 4:24-26   24) 마 22:5; 말 1:7, 13   25) 마 23:13
26) 행 13:44-45; 살전 2:15-16

Q 110. What are the reasons annexed to the second command-ment, the more to enforce it?

A. The reasons annexed to the second commandment, the more to enforce it, contained in these words, For I the Lord thy God am a jealous God, visiting the iniquity of the fathers upon the children unto the third and fourth generation of them that hate me; and showing mercy unto thousands of them that love me, and keep my commandments; are, besides God's sovereignty over us, and propriety in us, his fervent zeal for his own worship, and his revengeful indignation against all false worship, as being a spiritual whoredom; accounting the breakers of this commandment such as hate him, and threat-ening to punish them into divers generations; and esteeming the observers of it such as love him and keep his command-ments, and promising mercy to them unto many generations.

Ex. 20:5-6; Ps. 45:11; Rev. 15:3-4; Ex. 34:13-14; 1Cor. 10:20-22;
Jer. 7:18-20; Ezek. 16:26-27; Deut. 32:16-20; Hos. 2:2-4; Deut. 5:29

Q 111. Which is the third commandment?

A. The third commandment is, Thou shalt not take the name of the Lord thy God in vain: for the Lord will not hold him guiltless that taketh his name in vain.

Ex. 20:7

문 110. 제2계명을 더 잘 지키게 하려고 첨가된 이유들은 무엇인가?

답. 제2계명을 더 잘 지키게 하려고 첨가된 이유들은, "나, 주 너희의 하나님은 질투하는 하나님이다. 나를 미워하는 사람에게는, 그 죄 값으로, 본인뿐만 아니라 삼사 대 자손에게까지 벌을 내린다. 그러나 나를 사랑하고 나의 계명을 지키는 사람에게는, 수천 대 자손에 이르기까지 한결같은 사랑을 베푼다"[1]라는 말에 들어 있는데, 이는 우리 위에 있는 하나님의 주권과 우리의 그에 대한 합당한 자세뿐만[2] 아니라 하나님이 가지신 그 자신의 예배에 대한 열렬한 열정과,[3] 영적 간음인 모든 거짓된 예배에 대한 하나님의 복수하시는 분노를[4] 보여준다. 이 계명을 어기는 자들을 자기를 미워하는 자들로 간주하시고 여러 세대에 걸쳐 그들을 벌할 것을 경고하시며[5] 이 계명을 지키는 자들은 자기를 사랑하여 하나님의 계명들을 지키는 자들이라고 여기셔서 많은 세대에 걸쳐 그들에게 자비를 베푸실 것을 약속하신다.[6]

1) 출 20:5-6 2) 시 45:11; 계 15:3-4 3) 출 34:13-14
4) 고전 10:20-22; 렘 7:18-20; 겔 16:26-27; 신 32:16-20 5) 호 2:2-4
6) 신 5:29

문 111. 제3계명은 무엇인가?

답. 제3계명은 '너희는 주(여호와) 너희 하나님의 이름을 함부로 부르지 못한다. 주는 자기의 이름을 함부로 부르는 자를 죄 없다고 하지 않는다'이다.

출 20:7

Q 112. What is required in the third commandment?

A. The third commandment requires, that the name of God, his titles, attributes, ordinances, the word, sacraments, prayer, oaths, vows, lots, his works, and whatsoever else there is whereby he makes himself known, be holily and reverently used in thought, meditation, word, and writing; by an holy profession, and answerable conversation, to the glory of God, and the good of ourselves and others.

Matt. 6:9; Deut. 28:58; Ps. 29:2; Ps. 68:4; Rev. 15:3-4; Mal. 1:14; Ecc. 5:1;
Ps. 138:2; 1Cor. 11:24-25, 28-29; 1Tim. 2:8; Jer. 4:2; Ecc. 5:2, 4-6;
Acts 1:24, 26; Job 36:24; Mal. 3:16; Ps. 8:1, 3-4, 9; Col. 3:17; Ps. 105:2, 5;
Ps. 102:18; 1 Pet. 3: 15; Mic. 4:5; Phil. 1:27; 1Cor. 10:31; Jer. 32:39;
1Pet. 2:12

Q 113. What are the sins forbidden in the third commandment?

A. The sins forbidden in the third commandment are, the not using of God's name as is required; and the abuse of it in an ignorant, vain, irreverent, profane, superstitious, or wicked mentioning or otherwise using his titles, attributes, ordinances, or works, by blasphemy, perjury; all sinful cursings, oaths, vows, and lots; violating of our oaths and vows, if lawful; and fulfilling them, if of things unlawful; murmuring and quarreling at, curious prying into, and misapplying of God's decrees and providences; misinterpreting, misapplying, or any way perverting the Word, or any part of it, to profane jests, curious or unprofitable questions, vain janglings, or the

문 112. 제3계명에서 요구하는 것은 무엇인가?

답. 제3계명은, 하나님의 이름, 칭호, 속성,[1] 규례,[2] 말씀,[3] 성례,[4] 기도,[5] 맹세,[6] 서약,[7] 제비뽑기,[8] 그분의 사역,[9] 그 외에 하나님 자신을 알리시는 것들은 무엇이든지 우리의 생각과[10] 묵상과[11] 말과[12] 글에서[13] 거룩하고 경건하게 사용할 것을 요구하는데, 이는 거룩한 신앙고백과[14] 책임 있는 대화로[15] 하나님의 영광과[16] 우리 자신과[17] 다른 사람들의 선을 위해[18] 그리하라는 것이다.

1) 마 6:9; 신 28:58; 시 29:2; 시 68:4; 계 15:3-4 2) 말 1:14; 전 5:1
3) 시 138:2 4) 고전 11:24-25, 28-29 5) 딤전 2:8 6) 렘 4:2
7) 전 5:2, 4-6 8) 행 1:24, 26 9) 욥 36:24 10) 말 3:16
11) 시 8:1, 3-4, 9 12) 골 3:17; 시 105:2, 5 13) 시 102:18
14) 벧전 3:15; 미 4:5 15) 빌 1:27 16) 고전 10:31 17) 렘 32:39
18) 벧전 2:12

문 113. 제3계명에서 금하는 죄들은 무엇인가?

답. 제3계명에서 금하는 죄들은, 하나님의 이름을 요구하신 대로 사용하지 않는 것,[1] 무지하고[2] 헛되이[3] 불경하고 모독 되게[4] 미신적으로[5] 혹은 악하게 하나님의 이름을 언급하거나 하나님의 칭호 속성[6] 규례나[7] 사역을[8] 불경스럽게[9] 또 거짓되게 남용하는 것,[10] 모든 죄스러운 저주[11] 맹세[12] 서약과[13] 제비뽑음,[14] 우리의 맹세와 서약이 합법적일 경우 그것들을 어기는 것과[15] 불법적인 경우 그것들을 지키는 것,[16] 하나님의 명령과[19] 섭리에[20] 대해 불평하거나 시비를 걸며[17] 호기심으로 파고들고[18] 잘못 해석하고[21] 잘못 적용하는 것,[22] 불경스런 농담이나[24] 호기심으로 하는 무익한 질문과 헛된 말다툼이나 거짓 교리를 유지하려고[25] 하나님 말씀의 전체나 어느 일부라도 잘못

maintaining of false doctrines; abusing it, the creatures, or any thing contained under the name of God, to charms, or sinful lusts and practices; the maligning, scorning, reviling, or any wise opposing of God's truth, grace, and ways; making profession of religion in hypocrisy, or for sinister ends; being ashamed of it, or a shame to it, by unconformable, unwise, unfruitful and offensive walking, or backsliding from it.

Mal. 2:2; Acts 17:23; Prov. 30:9; Mal. 1:6-7, 12; Mal. 3:14; 1Sam. 4:3-5; Jer. 7:4, 9-10, 14, 31; Col. 2:20-22; 2Kings 18:30, 35; Ex. 5:2; Ps. 139:20; Ps. 50:16-17; Isa. 5:12; 2Kings 19:22; Lev. 24:11; Zech. 5:4; Zech. 8:17; 1Sam. 17:43; 2Sam. 16:5; Jer. 5:7; Jer. 23:10; Deut. 23:18; Acts 23:12, 14; Esther 3:7; Esther 9:24; Ps. 22:18; Ps. 24:4; Ezek. 17:16, 18-19; Mark 6:26; 1Sam. 25:22, 32-34; Rom. 9:14, 19-20; Deut. 29:29; Rom. 3:5, 7; Rom. 6:1-2; Ecc. 8:11; Ecc. 9:3; Ps. 39:1-13; Matt. 5:21-28; Ezek. 13:22; 2Pet. 3:16; Matt. 22:24-31; Isa. 22:13; Jer. 23:34, 36, 38; 1Tim. 1:4, 6-7; 1Tim. 6:4-5, 20; 2Tim. 4:3-4; Rom. 13:13-14; 1Kings 21:9-10; Jude 1:4: Acts 13:45; 1John 3:12; Ps. 1:1; 2 Pet. 3:3; 1Pet. 4:4; Acts 13:45-46, 50; Acts 4:18; Acts 19:9; 1Thess. 2:16; Heb. 10:29; 2Tim. 3:5; Matt. 23:14; Matt. 6:1-2, 5, 16; Mark 8:38; Ps. 73:14-15; 1Cor. 6:5-6; Eph. 5:15-17; Isa. 5:4; 2 Pet. 1:8-9; Rom. 2:23-24; Gal. 3:1, 3; Heb. 6:6; 2Tim. 2:14; Titus 3:9; Deut. 18:10-14; Acts 19:13

해석하고[23] 잘못 적용하며 조금이라도 왜곡하는 것, 하나님의 이름
과 그의 피조물 그리고 그 이름 아래 포함된 어떤 것이든 마술과[26]
죄악 된 정욕과 그 행위를 위해 악용하는 것,[27] 하나님의 진리와 은
혜와 방법들을[31] 중상하며[28] 경멸하며[29] 욕하며[30] 어떤 식으로든 반
대하는 것,[31] 위선으로 혹은 사악한 목적을 위해 종교를 고백하는
것,[32] 하나님의 이름을 부끄러워하거나[33] 부적합하고[34] 어리석으며[35]
결실 없고[36] 무례한 행위나[37] 혹은 다시 타락함으로[38] 하나님의 이름
에 수치가 되는 것들이다.

1) 말 2:2   2) 행 17:23   3) 잠 30:9   4) 말 1:6–7, 12; 말 3:14
5) 삼상 4:3–5; 렘 7:4, 9–10, 14, 31; 골 2:20–22
6) 왕하 18:30, 35; 출 5:2; 시 139:20   7) 시 50:16–17   8) 사 5:12
9) 왕하 19:22; 레 24:11   10) 슥 5:4; 슥 8:17   11) 삼상 17:43; 삼하 16:5
12) 렘 5:7; 렘 23:10   13) 신 23:18; 행 23:12, 14
14) 에 3:7; 에 9:24; 시 22:18   15) 시 24:4; 겔 17:16, 18–19
16) 막 6:26; 삼상 25:22, 32–34   17) 롬 9:14, 19–20   18) 신 29:29
19) 롬 3:5, 7; 롬 6:1–2   20) 전 8:11; 전 9:3; 시 39:1–13
21) 마 5:21–28   22) 겔 13:22   23) 벧후 3:16; 마 22:24–31
24) 사 22:13; 렘 23:34, 36, 38
25) 딤전 1:4, 6–7; 딤전 6:4–5, 20; 딤후 2:14; 딛 3:9
26) 신 18:10–14; 행 19:13
27) 딤후 4:3–4; 롬 13:13–14; 왕상 21:9–10; 유 1:4
28) 행 13:45; 요일 3:12   29) 시 1:1; 벧후 3:3   30) 벧전 4:4
31) 행 13:45–46, 50; 행 4:18; 행 19:9; 살전 2:16; 히 10:29
32) 딤후 3:5; 마 23:14; 마 6:1–2, 5, 16   33) 막 8:38   34) 시 73:14–15
35) 고전 6:5–6; 엡 5:15–17   36) 사 5:4; 벧후 1:8–9   37) 롬 2:23–24
38) 갈 3:1, 3; 히 6:6

Q 114. What reasons are annexed to the third commandment?

A. The reasons annexed to the third commandment, in these words, "The Lord thy God," and "for the Lord will not hold him guiltless that taketh his name in vain" are, because he is the Lord and our God, therefore his name is not to be profaned or any way abused by us; especially because he will be so far from acquitting and sparing the transgressors of this commandment, as that he will not suffer them to escape his righteous judgment, albeit many such escape the censures and punishments of men.

Ex. 20:7; Lev. 19:12; Ezek. 36:21-23; Deut. 28:58-59; Zech. 5:2-4; 1Sam. 2:12, 17, 22, 24; 1Sam. 3:13

Q 115. What is the fourth commandment?

A. The fourth commandment is, Remember the sabbath-day, to keep it holy. Six days shalt thou labor, and do all thy work; but the seventh day is the sabbath of the Lord thy God: in it thou shalt not do any work, thou, nor thy son, nor thy daughter, thy man-servant, nor thy maid-servant, nor thy cattle, nor thy stranger that is within thy gates. For in six days the Lord made heaven and earth, the sea, and all that in them is, and rested the seventh day: wherefore the Lord blessed the sabbath-day and hallowed it.

Ex. 20:8-11

문 114. 제3계명에 첨가된 이유들은 무엇인가?

답. "주(여호와) 너희 하나님"과 "주(여호와)는 자기 이름을 함부로 부르는 자를 죄 없다고 하지 않기 때문이다"라는 말이[1] 제3계명에 첨가된 이유는 그는 주 우리의 하나님이시기에 그의 이름이 우리에 의해 모독 받거나 어떤 식으로든 악용되어서는 안된다는 것이다.[2] 특히 이 계명을 어긴 많은 자들이 비록 사람들의 비난과 형벌은 피할 수 있을지라도[4] 하나님께서는 이 계명을 어긴 자들을 사면하거나 내버려 두시기는 커녕 그들이 그의 의로운 심판을 피하지 못하게 하신다는 것이다.[3]

1) 출 20:7 2) 레 19:12 3) 겔 36:21-23; 신 28:58-59; 슥 5:2-4
4) 삼상 2:12, 17, 22, 24; 삼상 3:13

문 115. 제4계명은 무엇인가?

답. 제4계명은 "안식일을 기억하여 그날을 거룩하게 지켜라. 너희는 엿새동안 모든 일을 힘써 하여라. 그러나 이렛날은 주 너희 하나님의 안식일이니, 너희는 어떤 일도 해서는 안된다. 너희나 너희의 아들이나 딸이나, 너희의 남종이나 여종만이 아니라, 너희 집짐승이나, 너희 집에 머무르는 나그네라도, 일을 해서는 안된다. 내가 엿새동안 하늘과 땅과 바다와 그 안에 있는 모든 것을 만들고 이렛날에 쉬었기 때문이다. 그러므로 나 주(여호와)가 안식일을 복 주고, 그날을 거룩하게 하였다"이다.

출 20:8-11

Q 116. What is required in the fourth commandment?

A. The fourth commandment requireth of all men the sanctifying or keeping holy to God such set times as he hath appointed in his word, expressly one whole day in seven; which was the seventh from the beginning of the world to the resurrection of Christ, and the first day of the week ever since, and so to continue to the end of the world; which is the Christian sabbath, and in the New Testament called The Lord's Day.

Deut. 5:12-14; Gen. 2:2-3; 1Cor. 16:1-2; Acts 20:7; Matt. 5:17-18; Isa. 56:2, 4, 6-7; Rev. 1:10

Q 117. How is the sabbath or the Lord's day to be sanctified?

A. The sabbath or Lord's day is to be sanctified by an holy resting all the day, not only from such works as are at all times sinful, but even from such worldly employments and recreations as are on other days lawful; and making it our delight to spend the whole time (except so much of it as is to be taken up in works of necessity and mercy) in the public and private exercises of God's worship: and, to that end, we are to prepare our hearts, and with such foresight, diligence, and moderation, to dispose, and seasonably to despatch our worldly business, that we may be the more free and fit for the duties of that day.

Ex. 20:8, 10; Ex. 16:25-28; Neh. 13:15-22; Jer. 17:21-22; Matt. 12:1-13; Isa. 58:13; Luke 4:16; Acts 20:7; 1Cor. 16:1-2; Ps. 92 title; Isa. 66:23; Lev. 23:3; Ex. 20:8;Luke 23:54, 56; Ex. 16:22, 25-26, 29; Neh. 13:19

문 116. 제4계명에서 요구하는 것은 무엇인가?

답. 제4계명은 모든 사람들이 하나님이 그의 말씀으로 명하여 정하신 시간, 즉 7일 중에 하루 온 종일을 신성하게 하고 거룩하게 지킬 것을 요구한다. 이는 창세로부터 그리스도의 부활까지는 일곱째 날이었고, 그 이후로는 세상 끝날까지 일주일의 첫째 날인데, 이것이 기독교의 안식일이며[1] 신약에서는 주의 날(주일)이라고 한다.[2]

1) 신 5:12-14; 창 2:2-3; 고전 16:1-2; 행 20:7; 마 5:17-18;
   사 56:2, 4, 6-7
2) 계 1:10

문 117. 안식일 혹은 주일은 어떻게 신성하게 되는가?

답. 안식일 혹은 주일은 하루 종일 거룩하게 쉼으로,[1] 즉 언제 해도 죄가 되는 일들뿐 아니라 다른 날에는 합법적인 세상의 직업이나 오락까지 쉬고,[2] (꼭 필요한 그리고 자비를 베푸는 일 외에는[3]) 모든 시간을 하나님을 공적으로 또 개인적으로 예배하는데 사용하기를 기뻐함으로 신성하게 된다.[4] 그러기 위해 우리는 마음을 준비하고, 우리의 세상 일을 미리 내다보며 부지런하고 절제 있게 조절하며 때에 맞게 처리해야 하며, 이렇게 함으로 우리는 주일의 의무들을 위해 보다 자유롭고 적합하게 된다.[5]

1) 출 20:8, 10 2) 출 16:25-28; 느 13:15-22; 렘 17:21-22
3) 마 12:1-13
4) 사 58:13; 눅 4:16; 행 20:7; 고전 16:1-2; 시 92편 표제; 사 66:23;
   레 23:3
5) 출 20:8; 눅 23:54, 56; 출 16:22, 25-26, 29; 느 13:19

Q 118. Why is the charge of keeping the sabbath more specially directed to governors of families and other superiors?

A. The charge of keeping the sabbath is more specially directed to governors of families and other superiors, because they are bound not only to keep it themselves, but to see that it be observed by all those that are under their charge; and because they are prone ofttimes to hinder them by employments of their own.

Ex. 20:10; Josh. 24:15; Neh. 13:15, 17; Jer. 17:20-22; Ex. 23:12

Q 119. What are the sins forbidden in the fourth commandment?

A. The sins forbidden in the fourth commandment are, all omissions of the duties required, all careless, negligent, and unprofitable performing of them, and being weary of them; all profaning the day by idleness, and doing that which is in itself sinful; and by all needless works, words, and thoughts, about our worldly employments and recreations.

Ezek 22:26; Acts 20:7, 9; Ezek. 33:30-32; Amos 8:5; Mal. 1:13; Ezek. 23:38; Jer. 17:24, 27; Isa. 58:13

문 118. 왜 안식일을 지키라는 명령이 가족의 우두머리(가장)들과 기타 윗사람들에게 더 특별히 주어졌는가?

답. 안식일을 거룩하게 지키라는 명령이 가장들과 기타 윗사람들에게 더 특별히 주어진 이유는, 그들 자신들이 안식일을 지켜야 할 뿐 아니라 그들의 통솔 아래 있는 다른 모든 사람들도 지키게 해야 하기 때문이며, 종종 그들은 아랫사람들에게 자신의 일을 시킴으로 아랫사람들이 안식일을 지키는 것을 방해하기 쉽기 때문이다.

출 20:10; 수 24:15; 느 13:15, 17; 렘 17:20-22; 출 23:12

문 119. 제4계명에서 금하는 죄들은 무엇인가?

답. 제4계명에서 금하는 죄들은, 요구된 의무를 빠뜨리는 모든 것,[1] 요구된 의무들을 부주의하고 태만하고 무익하게 행하며 그 의무들에 싫증 내는 것,[2] 게으름을 피며 또 그 자체로 죄가 되는 일을 하며[3] 세상의 직업이나 오락에 대한 불필요한 모든 일과 말과 생각들로 안식일을 욕되게 하는 모든 것이다.[4]

1) 겔 22:26   2) 행 20:7, 9; 겔 33:30-32; 암 8:5; 말 1:13   3) 겔 23:38
4) 렘 17:24, 27; 사 58:13

Q 120. What are the reasons annexed to the fourth commandment, the more to enforce it?

A. The reasons annexed to the fourth commandment, the more to enforce it, are taken from the equity of it, God allowing us six days of seven for our own affairs, and reserving but one for himself, in these words, six days shalt thou labor and do all thy work: from God's challenging a special propriety in that day, the seventh day is the sabbath of the Lord thy God: from the example of God, who in six days made heaven and earth, the sea, and all that in them is, and rested the seventh day: and from that blessing which God put upon that day, not only in sanctifying it to be a day for his service, but in ordaining it to be a means of blessing to us in our sanctifying it, wherefore the Lord blessed the sabbath-day and hallowed it.

Ex. 20:9; Ex. 20:10; Ex. 20:11

문 120. 제4계명을 더욱 잘 지키게 하기 위해 첨가된 이유들은 무엇인 가?

답. 제4계명을 더욱 잘 지키게 하려고 첨가된 이유들은, 하나님이 칠 일 중에 육일을 우리 자신들의 일을 위해 허락하시고 그를 위해서 는 단 하루를 남겨두시는 바 "너희는 엿새동안 모든 일을 힘써 하 여라"[1]라 말씀하신 본 계명의 공평성에서 찾을 수 있다. 또 하나 님은 "이렛날은 주(여호와) 너희 하나님의 안식일이니라"[2] 말씀하 시며 그날에 대한 특별한 소유권을 주장하시고, "엿새동안 하늘과 땅과 바다와 그 안에 있는 모든 것을 만들고 이렛날에 쉬었던' 하 나님 자신을 본받게 하시고, 하나님께서 이날을 자기를 섬기는 날 로 거룩하게 하실 뿐 아니라 우리가 그날을 거룩하게 지킬 때 우리 에게 복 주시는 수단으로 정하심으로 그날을 복되게 하시려고 "주 (여호와)가 안식일을 복 주고, 그날을 거룩하게 하였다"라고 하신 것이다.[3]

1) 출 20:9   2) 출 20:10   3) 출 20:11

Q 121. Why is the word remember set in the beginning of the fourth commandment?

A. The word remember is set in the beginning of the fourth commandment, partly, because of the great benefit of remembering it, we being thereby helped in our preparation to keep it; and, in keeping it, better to keep all the rest of the commandments, and to continue a thankful remembrance of the two great benefits of creation and redemption, which contain a short abridgement of religion; and partly, because we are very ready to forget it, for that there is less light of nature for it, and yet it restraineth our natural liberty in things at other times lawful; that it cometh but once in seven days, and many worldly businesses come between, and too often take off our minds from thinking of it, either to prepare for it, or to sanctify it; and that Satan with his instruments much labor to blot out the glory, and even the memory of it, to bring in all irreligion and impiety.

Ex. 20:8; Ex. 16:23; Luke 23:54, 56; Mark 15:42; Neh. 13:19; Ps. 92 title; Ps. 92:13-14; Ezek. 20:12, 19-20; Gen. 2:2-3; Ps. 118:22, 24; Acts 4:10-11; Rev. 1:10; Ezek. 22:26; Neh. 9:14; Ex. 34:21; Deut. 5:14-15; Amos 8:5; Lam. 1:7; Jer. 17:21-23; Neh. 13:15-23

문 121. 제4계명의 첫머리에 왜 "기억하여"라는 말이 있는가?

답. 제4계명의 첫머리에 "기억하여"라는 말이 있는[1] 이유는, 한편으로 우리가 안식일을 지킬 준비를 하는데 도움이 되기에 안식일을 기억하는 것이 큰 유익이기 때문이며,[2] 안식일을 지킴으로 다른 모든 계명들을 더 잘 지킬 수 있고[3] 신앙의 짧은 요약이 담긴 창조와 구속이라는 두 가지 큰 혜택에 대해 지속적으로 감사히 기억할 수 있기 때문이다.[4] 또 한편으로는 안식일에 대해서는 자연이 밝혀주는 바가 약하기 때문에[6] 우리가 안식일을 잊어버리기가 매우 쉽기 때문이며,[5] 안식일을 기억하면 다른 때에는 합법적으로 할 수 있는 것들에 대한 우리의 본능적인 자유를 제어할 수 있기 때문이며,[7] 칠일에 한 번 돌아오기에 그 사이에 많은 세상의 일들이 있어 너무나 자주 우리의 마음이 방해를 받아 안식일을 생각하고 준비하며 거룩하게 지키지 못하게 하기 때문이며,[8] 또 사탄이 그의 수단들을 써서 안식일의 영광과 그 기억조차 지워버리고 모든 불신앙과 불경건을 초래하려고 힘써 노력하기 때문이다.[9]

1) 출 20:8   2) 출 16:23; 눅 23:54, 56; 막 15:42; 느 13:19
3) 시 92편 표제, 13–14; 겔 20:12, 19–20
4) 창 2:2–3; 시 118:22, 24; 행 4:10–11; 계 1:10   5) 겔 22:26
6) 느 9:14   7) 출 34:21   8) 신 5:14–15; 암 8:5
9) 애 1:7; 렘 17:21–23; 느 13:15–23

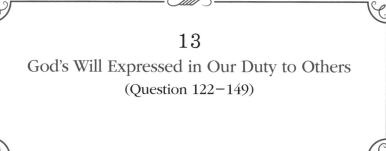

13

God's Will Expressed in Our Duty to Others

(Question 122-149)

Q 122. What is the sum of the six commandments which contain our duty to man?

A. The sum of the six commandments which contain our duty to man, is, to love our neighbor as ourselves, and to do to others what we would have them to do to us.

Matt. 22:39; Matt. 7:12

Q 123. Which is the fifth commandment?

A. The fifth commandment is, Honor thy father and thy mother: that thy days may be long upon the land which the Lord thy God giveth thee.

Ex. 20:12

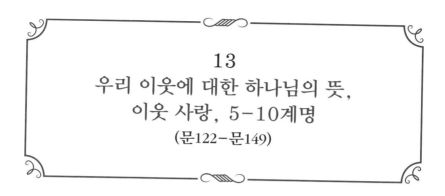

13
우리 이웃에 대한 하나님의 뜻,
이웃 사랑, 5-10계명
(문122-문149)

문 122. 사람에 대한 우리의 의무를 담고 있는 여섯 계명의 요약은 무엇인가?

답. 사람에 대한 우리의 의무를 담고 있는 여섯 계명의 요약은 우리 이웃을 우리 자신 같이 사랑하라는 것과[1] 남에게 대접을 받고자 하는 대로 우리도 남을 대접하라는 것이다.[2]

1) 마 22:39 2) 마 7:12

문 123. 제5계명은 무엇인가?

답. 제5계명은, "너희 부모를 공경하여라. 그래야 너희는 주(여호와) 너희 하나님이 너희에게 준 땅에서 오래도록 살 것이다"이다.

출 20:12

Q 124. Who are meant by father and mother in the fifth commandment?

A. By father and mother, in the fifth commandment, are meant, not only natural parents, but all superiors in age and gifts; and especially such as, by God's ordinance, are over us in place of authority, whether in family, church, or commonwealth.

Prov. 23:22, 25: Eph. 6:1-2; 1Tim. 5:1-2; Gen. 4:20-22; Gen. 45:8; 2Kings 5:13; 2Kings 2:12; 2Kings 13:14; Gal. 4:19; Isa. 49:23

Q 125. Why are superiors styled father and mother?

A. Superiors are styled father and mother, both to teach them in all duties towards their inferiors, like natural parents, to express love and tenderness to them, according to their several relations; and to work inferiors to a greater willingness and cheerfulness in performing their duties to their superiors, as to their parents.

Eph. 6:4; 2 Cor. 12:14; 1Thess. 2:7-8, 11; Num. 11:11-12; 1Cor. 4:14-16; 2Kings 5:13

Q 126. What is the general scope of the fifth commandment?

A. The general scope of the fifth commandment is the performance of those duties which we mutually owe in our several relations, as inferiors, superiors, or equals.

Eph. 5:21; 1Pet. 2:17; Rom. 12:10

문 124. 제5계명에 있는 부모는 누구를 뜻하는가?

답. 제5계명에서 부모라 함은 친부모뿐 아니라[1] 연령과[2] 은사에[3] 있어 우리 위에 있는 모든 사람들, 특별히 가정,[4] 교회,[5] 국가에서[6] 하나님의 규례에 따라 우리 위에 권위의 자리에 있는 자들을 뜻한다.

1) 잠 23:22, 25; 엡 6:1-2 2) 딤전 5:1-2 3) 창 4:20-22; 창 45:8
4) 왕하 5:13 5) 왕하 2:12; 왕하 13:14; 갈 4:19 6) 사 49:23

문 125. 왜 윗사람들을 부모라고 부르는가?

답. 윗사람들을 부모라고 부르는 것은 그들이 아랫사람들에게 행할 모든 의무를 가르쳐서 여러 관계에서 친부모처럼 아랫사람들에게 사랑과 상냥함을 표현하게 하고,[1] 아랫사람들은 그들의 윗사람들에 대한 의무를 행할 때 자신들의 부모에게 하듯이 더욱 큰 의욕과 즐거움으로 행하게 하기 위함이다.[2]

1) 엡 6:4; 고후 12:14; 살전 2:7-8, 11; 민 11:11-12
2) 고전 4:14-16; 왕하 5:13

문 126. 제5계명의 일반적 의도는 무엇인가?

답. 제5계명의 일반적인 의도는 우리가 아랫사람, 윗사람, 혹은 동등한 위치에서의 여러 관계에서 서로에게 지고 있는 의무들을 이행하도록 하는 것이다.

엡 5:21; 벧전 2:17; 롬 12:10

Q 127. What is the honor that inferiors owe to their superiors?

A. The honor which inferiors owe to their superiors is, all due reverence in heart, word, and behavior; prayer and thanksgiving for them; imitation of their virtues and graces; willing obedience to their lawful commands and counsels; due submission to their corrections; fidelity to, defence and maintenance of their persons and authority, according to their several ranks, and the nature of their places; bearing with their infirmities, and covering them in love, that so they may be an honor to them and to their government.

Mal. 1:6; Lev. 19:3; Prov. 31:28; 1Pet. 3:6; Lev. 19:32; 1Kings 2:19;

1Tim. 2:1-2; Heb. 13:7; Phil. 3:17; Eph. 6:1-2, 5-7; 1Pet. 2:13-14;

Rom. 13:1-5; Heb. 13:17; Prov. 4:3-4; Prov. 23:22; Ex. 18:19, 24; Heb. 12:9;

1Pet. 2:18-20; Titus 2:9-10; 1Sam. 26:15-16; 2Sam. 18:3; Esther 6:2;

Matt. 22:21; Rom. 13:6-7; 1Tim. 5:17-18; Gal. 6:6; Gen. 45:11; Gen. 47:12;

1Pet. 2:18; Prov. 23:22; Gen. 9:23; Ps. 127:3-5; Prov. 31:23

Q 128. What are the sins of inferiors against their superiors?

A. The sins of inferiors against their superiors are, all neglect of the duties required toward them; envying at, contempt of, and rebellion against, their persons and places, in their lawful counsels, commands, and corrections; cursing, mocking, and all such refractory and scandalous carriage, as proves a shame and dishonor to them and their government.

Matt. 15:4-6; Num. 11:28-29; 1Sam. 8:7; Isa. 3:5; 2Sam. 15:1-12; Ex. 21:15;

1Sam. 10:27; 1Sam. 2:25; Deut. 21:18-21; Prov. 30:11, 17; Prov. 19:26

문 127. 아랫사람들이 그들의 윗사람들에게 표해야 할 존경은 무엇인가?

답. 아랫사람들이 윗사람들에게 표해야 할 존경은, 마음과[1] 말과[2] 행동에[3] 있어 모든 합당한 경의, 그들을 위한 기도와 감사,[4] 그들의 미덕과 은혜들을 본받음,[5] 그들의 합법적인 명령과 조언에 기꺼이 순종함,[6] 그들의 교정에 마땅히 복종함,[7] 그들의 다양한 계급과 위치의 성격에 따라[10] 그들의 인격과 권위에 충성하고[8] 옹호하고[9] 지지함, 그들의 연약함을 인내하고 사랑으로 덮음으로[11] 그들이 그들 자신과 그들의 통치에 영예가 되도록 함[12] 등이다.

1) 말 1:6; 레 19:3   2) 잠 31:28; 벧전 3:6   3) 레 19:32; 왕상 2:19
4) 딤전 2:1–2   5) 히 13:7; 빌 3:17
6) 엡 6:1–2, 5–7; 벧전 2:13–14; 롬 13:1–5; 히 13:17; 잠 4:3–4;
　잠 23:22; 출 18:19, 24
7) 히 12:9; 벧전 2:18–20   8) 딛 2:9–10
9) 삼상 26:15–16; 삼하 18:3; 에 6:2
10) 마 22:21; 롬 13:6–7; 딤전 5:17–18; 갈 6:6; 창 45:11; 창 47:12
11) 벧전 2:18; 잠 23:22; 창 9:23   12) 시 127:3–5; 잠 31:23

문 128. 아랫사람들이 윗사람들에게 짓는 죄들은 무엇인가?

답. 아랫사람들이 윗사람들에게 짓는 죄들은, 윗사람들에 대한 의무를 소홀히 하는 모든 것,[1] 그들의 합법적인 조언과[7] 명령과 징계에 있어[8] 그들의 인격과[5] 지위에[6] 대해 시기하고[2] 경멸하고[3] 반역하는 것,[4] 저주와 조롱과[9] 그들과 그들의 다스림에 수치와 모욕이 되는 모든 완고하고 불미스러운 행태들이다.[10]

1) 마 15:4–6   2) 민 11:28–29   3) 삼상 8:7; 사 3:5   4) 삼하 15:1–12
5) 출 21:15   6) 삼상 10:27   7) 삼상 2:25   8) 신 21:18–21
9) 잠 30:11, 17   10) 잠 19:26

Q 129. What is required of superiors towards their inferiors?

A. It is required of superiors, according to that power they receive from God, and that relation wherein they stand, to love, pray for, and bless their inferiors; to instruct, counsel and admonish them; countenancing, commending, and rewarding such as do well; and discountenancing, reproving, and chastising such as do ill; protecting, and providing for them all things necessary for soul and body: and, by grave, wise, holy, and exemplary carriage, to procure glory to God, honor to themselves, and so to preserve that authority which God hath put upon them.

Col. 3:19; Titus 2:4; 1Sam. 12:23; Job 1:5; 1Kings 8:55-56; Heb. 7:7;

Gen. 49:28; Deut. 6:6-7; Eph. 6:4; 1Pet. 3:7; 1Pet. 2:14; Rom. 13:3;

Esther 6:3; Rom. 13:3-4; Prov. 29:15; 1Pet. 2:14; Job 29:12-17;

Isa. 1:10, 17; Eph. 6:4; 1Tim. 5:8; 1Tim. 4:12; Titus 2:3-5; 1Kings 3:28;

Titus 2:15

문 129. 아랫사람들에 대하여 윗사람들에게 요구되는 것은 무엇인가?

답. 윗사람들에 요구되는 것은, 그들이 하나님으로부터 받은 권세와 그들의 놓여진 관계를 따라 아랫사람들을 사랑하고[1] 위해서 기도하며[2] 축복할 것과,[3] 그들을 가르치고[4] 조언하며 훈계할 것과,[5] 그들이 잘할 때에는 격려하고[6] 칭찬하고[7] 상을 줄 것과,[8] 그들이 잘못할 때에는 불허하고[9] 책망하고 질책할 것과,[10] 그들을 보호하고[11] 혼과[12] 육에[13] 필요한 모든 것을 제공할 것과, 신중하고 지혜롭고 거룩하고 모범적인 행실로 하나님께 영광을 돌리고[14] 자신들을 영예롭게 하여[15] 하나님이 그들에게 주신 권위를 보존하는 것이다.[16]

1) 골 3:19; 딛 2:4 2) 삼상 12:23; 욥 1:5
3) 왕상 8:55–56; 히 7:7; 창 49:28 4) 신 6:6–7 5) 엡 6:4 6) 벧전 3:7
7) 벧전 2:14; 롬 13:3 8) 에 6:3 9) 롬 13:3–4 10) 잠 29:15; 벧전 2:14
11) 욥 29:12–17; 사 1:10, 17 12) 엡 6:4 13) 딤전 5:8
14) 딤전 4:12; 딛 2:3–5 15) 왕상 3:28 16) 딛 2:15

Q 130. What are the sins of superiors?

A. The sins of superiors are, besides the neglect of the duties required of them, an inordinate seeking of themselves, their own glory, ease, profit, or pleasure; commanding things unlawful, or not in the power of inferiors to perform; counseling, encouraging, or favoring them in that which is evil; dissuading, discouraging, or discountenancing them in that which is good; correcting them unduly; careless exposing, or leaving them to wrong, temptation, and danger; provoking them to wrath; or in any way dishonoring themselves, or lessening their authority, by an unjust, indiscreet, rigorous, or remiss behavior.

Ezek. 34:2-4; Phil. 2:21; John 5:44; John 7:18; Isa. 56:10-11; Deut. 17:17;

Dan. 3:4-6; Acts 4:17-18; Ex. 5:10-18; Matt. 23:2, 4; Matt. 14:8; Mark 6:24;

2Sam. 13:28; 1Sam. 3:13; John 7:46-49; Col. 3:21; Ex. 5:17;

1Pet. 2:18-20; Heb. 12:10; Deut. 25:3; Gen. 38:11, 26; Acts 18:17; Eph. 6:4;

Gen. 9:21; 1Kings 12:13-16; 1Kings 1:6; 1Sam. 2:29-31

Q 131. What are the duties of equals?

A. The duties of equals are, to regard the dignity and worth of each other, in giving honor to go one before another; and to rejoice in each other's gifts and advancement, as their own.

1Pet. 2:17; Rom. 12:10; Rom. 12:15-16; Phil. 2:3-4

문 130. 윗사람들의 죄들은 무엇인가?

답. 윗사람들의 죄는, 그들이 해야 할 의무를 소홀히 하는 것 외에,[1] 자기 자신과[2] 자신의 영광[3] 안일 이익 쾌락을 지나치게 추구하는 것,[4] 불법적이거나[5] 아랫사람들의 능력 밖의 일들을 명하는 것,[6] 그들에게 악한 일을 하도록 권하고[7] 격려하고[8] 지지하는 것,[9] 그들이 선한 일을 하지 못하도록 말리고 낙심시키고 반대하는 것,[10] 그들을 부당하게 징계하는 것,[11] 잘못된 일과 유혹과 위험에 아랫사람들을 부주의하게 노출시키거나 내버려두는 것,[12] 그들을 노엽게 하는 것,[13] 부당하고 경솔하고 가혹하거나 태만한 행동으로 자신들을 수치스럽게 하고 자신들의 권위를 실추시키는 모든 것들이다.[14]

1) 겔 34:2-4 2) 빌 2:21 3) 요 5:44; 요 7:18
4) 사 56:10-11; 신 17:17 5) 단 3:4-6; 행 4:17-18
6) 출 5:10-18; 마 23:2, 4 7) 마 14:8; 막 6:24 8) 삼하 13:28
9) 삼상 3:13 10) 요 7:46-49; 골 3:21; 출 5:17
11) 벧전 2:18-20; 히 12:10; 신 25:3 12) 창 38:11, 26; 행 18:17
13) 엡 6:4 14) 창 9:21; 왕상 12:13-16; 왕상 1:6; 삼상 2:29-31

문 131. 동등한 지위의 사람들 사이의 의무는 무엇인가?

답. 동등한 사람들 사이의 의무는, 서로 남을 먼저 존중함에 있어[2] 피차의 존엄과 가치에 유의하고,[1] 서로의 은사와 진보를 자신의 일처럼 기뻐하는 것이다.[3]

1) 벧전 2:17 2) 롬 12:10 3) 롬 12:15-16; 빌 2:3-4

Q 132. What are the sins of equals?

A. The sins of equals are, besides the neglect of the duties required, the undervaluing of the worth, envying the gifts, grieving at the advancement or prosperity one of another; and usurping pre-eminence one over another.

Rom. 13:8; 2Tim. 3:3; Acts 7:9; Gal. 5:26; Num. 12:2; Esther 6:12-13; 3John 1:9; Luke 22:24

Q 133. What is the reason annexed to the fifth commandment, the more to enforce it?

A. The reason annexed to the fifth commandment in these words, "that thy days may be long upon the land which the Lord thy God giveth thee," is an express promise of long life and prosperity, as far as it shall serve for God's glory and their own good, to all such as keep this commandment.

Ex. 20:12; Deut. 5:16; 1Kings 8:25; Eph. 6:2-3

Q 134. Which is the sixth commandment?

A. The sixth commandment is, Thou shalt not kill.

Ex. 20:13

문 132. 동등한 지위의 사람들 사이의 죄들은 무엇인가?

답. 동등한 사람들 사이의 죄들은, 요구되는 의무를 소홀히 하는 것 외에,[1] 상대의 가치를 과소평가하고[2] 은사를 시기하며[3] 서로의 발전이나 번성을 배 아파하는 것과,[4] 서로의 우월한 자리를 빼앗는 것이다.[5]

1) 롬 13:8 2) 딤후 3:3 3) 행 7:9; 갈 5:26 4) 민 12:2; 에 6:12–13
5) 요삼 1:9; 눅 22:24

문 133. 제5계명을 더 잘 지키게 하려고 첨가된 이유는 무엇인가?

답. 제5계명에 첨가된 이유는 "그래야 너희는 주 너희 하나님이 너희에게 준 땅에서 오래도록 살 것이다"라는[1] 말씀으로, 하나님의 영광과 그들 자신의 선을 이루기 위해서 그리한다면 이 계명을 지키는 모든 사람들에게 주는 장수와 번영에 대한 분명한 약속이다.[2]

1) 출 20:12 2) 신 5:16; 왕상 8:25; 엡 6:2–3

문 134. 제6계명은 무엇인가?

답. 제6계명은 "살인하지 못한다"이다.

출 20:13

Q 135. What are the duties required in the sixth commandment?

A. The duties required in the sixth commandment are, all careful studies, and lawful endeavours, to preserve the life of ourselves and others by resisting all thoughts and purposes, subduing all passions, and avoiding all occasions, temptations, and practices, which tend to the unjust taking away the life of any; by just defence thereof against violence, patient bearing of the hand of God, quietness of mind, cheerfulness of spirit; a sober use of meat, drink, physic, sleep, labor, and recreation; by charitable thoughts, love, compassion, meekness, gentleness, kindness; peaceable, mild, and courteous speeches and behavior: forbearance, readiness to be reconciled, patient bearing and forgiving of injuries, and requiting good for evil; comforting and succoring the distressed, and protecting and defending the innocent.

Eph. 5:28-29; 1Kings 18:4; Jer. 26:15-16; Acts 23:12, 16-17, 21, 27; Eph. 4:26-27; 2Sam. 2:22; Deut. 22:8; Matt. 4:6-7; Prov. 1:10-11, 15-16; 1Sam. 24:12; 1Sam. 26:9-11; Gen. 37:21-22; Ps. 82:4; Prov. 24:11-12; 1Sam. 14:45; Jas. 5:7-11; Heb. 12:9; 1Thess. 4:11; 1Pet. 3:3-4; Ps. 37:8-11; Prov. 17:22; Prov. 25:16, 27; 1Tim. 5:23; Isa. 38:21; Ps. 127:2; Ecc. 5:12; 2Thess. 3:10, 12; Prov. 16:26; Ecc. 3:4, 11; 1Sam. 19:4-5; 1Sam. 22:13-14; Rom. 13:10; Luke 10:33-34; Col. 3:12-13; Jas. 3:17; 1Pet. 3:8-11; Prov. 15:1; Judg. 8:1-3; Matt. 5:24; Eph. 4:2, 32; Rom. 12:17, 20-21; 1Thess. 5:14; Job 31:19-20; Matt. 25:35-36; Prov. 31:8-9

문 135. 제6계명에서 요구하는 의무들은 무엇인가?

답. 제6계명에서 요구하는 의무들은, 부당하게 누구의 생명이라도 빼앗을 경향이 있는[7] 모든 생각과 의도를 물리치고[3] 모든 격분을 억누르고[4] 모든 기회와[5] 유혹과[6] 실행을 피함으로써 우리들과[1] 다른 사람들의 생명을 보존하기 위해[2] 모든 세심한 연구와 합법적인 노력을 기울이는 것과, 폭력에 대해 정당하게 저항하며[8] 조용한 마음과[10] 기쁜 영혼으로[11] 하나님의 손길을 인내하며 기다리는 것,[9] 육류[12] 음료[13] 약[14] 잠[15] 노동과[16] 오락을[17] 절제 있게 사용하는 것, 자비로운 생각과[18] 사랑[19] 인애[20] 온유 너그러움 친절[21] 말과 행동에 있어 화평하고[22] 유순하며 공손함,[23] 관용하며 기꺼이 화해하려는 자세와 받은 상처를 인내하며 용서하고 악을 선으로 갚는 것,[24] 곤경에 처한 자들을 위로하고 구제하며 결백한 자들을 보호하고 변호하는 것들이다.[25]

1) 엡 5:28–29 2) 왕상 18:4 3) 렘 26:15–16; 행 23:12, 16–17, 21, 27
4) 엡 4:26–27 5) 삼하 2:22; 신 22:8
6) 마 4:6–7; 잠 1:10–11, 15–16
7) 삼상 24:12; 삼상 26:9–11; 창 37:21–22
8) 시 82:4; 잠 24:11–12; 삼상 14:45 9) 약 5:7–11; 히 12:9
10) 살전 4:11; 벧전 3:3–4; 시 37:8–11 11) 잠 17:22 12) 잠 25:16, 27
13) 딤전 5:23 14) 사 38:21 15) 시 127:2
16) 전 5:12; 살후 3:10, 12; 잠 16:26 17) 전 3:4, 11
18) 삼상 19:4–5; 삼상 22:13–14 19) 롬 13:10 20) 눅 10:33–34
21) 골 3:12–13 22) 약 3:17 23) 벧전 3:8–11; 잠 15:1; 삿 8:1–3
24) 마 5:24; 엡 4:2, 32; 롬 12:17, 20–21
25) 살전 5:14; 욥 31:19–20; 마 25:35–36; 잠 31:8–9

Q 136. What are the sins forbidden in the sixth commandment?

A. The sins forbidden in the sixth commandment are, all taking away the life of ourselves, or of others, except in case of public justice, lawful war, or necessary defence; the neglecting or withdrawing the lawful and necessary means of preservation of life; sinful anger, hatred, envy, desire of revenge; all excessive passions, distracting cares; immoderate use of meat, drink, labor, and recreations; provoking words; oppression, quarreling, striking, wounding, and whatsoever else tends to the destruction of the life of any.

Acts 16:28; Gen. 9:6; Num. 35:31, 33; Jer. 48:10; Deut. 20:1-20; Ex. 22:2-3; Matt. 25:42-43; Jas. 2:15-16; Ecc. 6:1-2; Matt. 5:22; 1John 3:15; Lev. 19:17; Prov. 14:30; Rom. 12:19; Eph. 4:31; Matt. 6:31, 34; Luke 21:34; Rom. 13:13; Ecc. 12:12; Ecc. 2:22-23; Isa. 5:12; Prov. 15:1; Prov. 12:18; Ezek. 18:18; Ex. 1:14; Gal. 5:15; Prov. 23:29; Num. 35:16-18, 21; Ex. 21:18-36

Q 137. Which is the seventh commandment?

A. The seventh commandment is, Thou shalt not commit adultery.

Ex. 20:14

문 136. 제6계명에서 금하는 죄들은 무엇인가?

답. 제6계명에서 금하는 죄들은, 공적인 재판과[3] 합법적인 전쟁과[4] 정당방위를[5] 제외하고 우리 자신과[1] 다른 사람들의[2] 생명을 빼앗는 모든 행동, 생명보존을 위한 합법적이고 필요한 방편들을 무시하거나 철회하는 것,[6] 죄악된 분노[7] 증오[8] 시기[9] 복수에 대한 욕망,[10] 모든 과도한 격정과[11] 쓸데없는 걱정,[12] 육류 음료[13] 노동과[14] 오락의[15] 무절제한 남용, 격노를 유발하는 말,[16] 학대와[17] 다툼과[18] 구타와 상해와[19] 이 밖에도 어떤 생명이라도 파멸시키는 경향이 있는 모든 것이다.[20]

1) 행 16:28 2) 창 9:6 3) 민 35:31, 33 4) 렘 48:10; 신 20:1−20
5) 출 22:2−3 6) 마 25:42−43; 약 2:15−16; 전 6:1−2 7) 마 5:22
8) 요일 3:15; 레 19:17 9) 잠 14:30 10) 롬 12:19 11) 엡 4:31
12) 마 6:31, 34 13) 눅 21:34; 롬 13:13 14) 전 12:12; 전 2:22−23
15) 사 5:12 16) 잠 15:1; 잠 12:18 17) 겔 18:18; 출 1:14
18) 갈 5:15; 잠 23:29 19) 민 35:16−18, 21 20) 출 21:18−36

문 137. 제7계명은 무엇인가?

답. 제7계명은 "간음하지 못한다"이다.

출 20:14

Q 138. What are the duties required in the seventh commandment?

A. The duties required in the seventh commandment are, chastity in body, mind, affections, words, and behavior; and the preservation of it in ourselves and others; watchfulness over the eyes and all the senses; temperance, keeping of chaste company, modesty in apparel; marriage by those that have not the gift of continency, conjugal love, and cohabitation; diligent labor in all our callings; shunning all occasions of uncleanness, and resisting temptations thereunto.

1Thess. 4:4; Job 31:1; 1Cor. 7:34; Col. 4:6; 1Pet. 3:2; 1Cor. 7:2, 35-36;
Job 31:1; Acts 24:24-25; Prov. 2:16-20; 1Tim. 2:9; 1Cor. 7:2, 9;
Prov. 5:19-20; 1Pet. 3:7; Prov. 31:11, 27-28; Prov. 5:8; Gen. 39:8-10

문 138. 제7계명에서 요구하는 의무들은 무엇인가?

답. 제7계명에서 요구하는 의무들은, 몸과 마음과 애정과[1] 말과[2] 행동의[3] 순결을 우리 자신과 다른 사람들 안에 보존할 것,[4] 눈과 모든 감각에 주의할 것,[5] 절제하고[6] 정절을 지키는 친구를 사귈 것,[7] 단정한 복장을 할 것,[8] 독신의 은사가 없으면 결혼해서[9] 서로 사랑하고[10] 동거할 것,[11] 우리의 모든 직업(소명)에 부지런히 종사할 것,[12] 모든 부정한 상황과 거기로 이끄는 유혹에 저항할 것[13] 등이다.

1) 살전 4:4; 욥 31:1; 고전 7:34   2) 골 4:6   3) 벧전 3:2
4) 고전 7:2, 35-36   5) 욥 31:1   6) 행 24:24-25   7) 잠 2:16-20
8) 딤전 2:9   9) 고전 7:2, 9   10) 잠 5:19-20   11) 벧전 3:7
12) 잠 31:11, 27-28   13) 잠 5:8; 창 39:8-10

Q 139. What are the sins forbidden in the seventh commandment?

A. The sins forbidden in the seventh commandment, besides the neglect of the duties required, are, adultery, fornication, rape, incest, sodomy, and all unnatural lusts; all unclean imaginations, thoughts, purposes, and affections; all corrupt or filthy communications, or listening thereunto; wanton looks; impudent or light behavior; immodest apparel; prohibiting of lawful, and dispensing with unlawful marriages; allowing, tolerating, keeping of stews, and resorting to them; entangling vows of single life; undue delay of marriage; having more wives or husbands than one at the same time; unjust divorce or desertion; idleness, gluttony, drunkenness, unchaste company; lascivious songs, books, pictures, dancing, stage plays; all other provocations to, or acts of uncleanness, either in ourselves or others.

Prov. 5:7; Heb. 13:4; Gal. 5:19; 2Sam. 13:14; 1Cor. 5:1; Rom. 1:24, 26-27; Lev. 20:15-16; Matt. 5:28; Matt. 15:19; Col. 3:5; Eph. 5:3-4; Prov. 7:5, 21-22; Isa. 3:16; 2Pet. 2:14; Prov. 7:10, 13; 1Tim. 4:3; Lev. 18:1-21; Mark 6:18; Mal. 2:11-12; 1Kings 15:12; 2Kings 23:7; Deut. 23:17-18; Lev. 19:29; Jer. 5:7; Prov. 7:24-27; Matt. 19:10-11; 1Cor. 7:7-9; Gen. 38:26; Mal. 2:14-15; Matt. 19:5; Mal. 2:16; Matt. 5:32; 1Cor. 7:12-13; Ezek. 16:49; Prov. 23:30-33; Gen. 39:10; Prov. 5:8; Eph. 5:4; Ezek. 23:14-16; Isa. 23:15-17; Isa. 3:16; Mark 6:22; Rom. 13:13; 1Pet. 4:3; 2Kings 9:30; Jer. 4:30; Ezek. 23:40

문 139. 제7계명에서 금하는 죄들은 무엇인가?

답. 제7계명에서 금하는 죄들은, 요구된 의무들을 소홀히 하는 것 외에도,[1] 간음, 음행,[2] 강간, 근친상간,[3] 남색 그리고 모든 부자연스러운 욕정,[4] 모든 부정한 상상, 생각, 의도, 애착,[5] 부패하거나 추잡한 모든 교신을 나누거나 귀 기울이는 것,[6] 음탕한 시선,[7] 뻔뻔하고 경박한 행동, 야한 복장,[8] 합법적인 결혼을 금하고[9] 불법적인 결혼을 시행하는 것,[10] 매춘굴을 허락하고 묵인하고 유지하며 이용하는 것,[11] 옭아매는 독신서약,[12] 부당하게 결혼을 지연하는 것,[13] 동시에 두 명 이상의 아내나 남편을 두는 것,[14] 부당한 이혼이나[15] 배우자 유기,[16] 게으름과 탐식과 술취함과[17] 음란한 교제,[18] 음탕한 노래, 책, 그림, 춤과 연극,[19] 그 밖에 우리 자신이나 다른 사람들에게 음란을 자극시키거나 음란히 행하는 모든 일들이다.[20]

1) 잠 5:7   2) 히 13:4; 갈 5:19   3) 삼하 13:14; 고전 5:1
4) 롬 1:24, 26–27; 레 20:15–16   5) 마 5:28; 15:19; 골 3:5
6) 엡 5:3–4; 잠 7:5, 21–22   7) 사 3:16; 벧후 2:14   8) 잠 7:10, 13
9) 딤전 4:3   10) 레 18:1–21; 막 6:18; 말 2:11–12
11) 왕상 15:12; 왕하 23:7; 신 23:17–18; 레 19:29; 렘 5:7; 잠 7:24–27
12) 마 19:10–11   13) 고전 7:7–9; 창 38:26   14) 말 2:14–15; 마 19:5
15) 말 2:16; 마 5:32   16) 고전 7:12–13   17) 겔 16:49; 잠 23:30–33
18) 창 39:10; 잠 5:8
19) 엡 5:4; 겔 23:14–16; 사 23:15–17; 사 3:16; 막 6:22; 롬 13:13;
   벧전 4:3
20) 왕하 9:30; 렘 4:30; 겔 23:40

Q 140. Which is the eighth commandment?

A. The eighth commandment is, Thou shalt not steal.

Ex. 20:15

Q 141. What are the duties required in the eighth commandment?

A. The duties required in the eighth commandment are, truth, faithfulness, and justice in contracts and commerce between man and man; rendering to every one his due; restitution of goods unlawfully detained from the right owners thereof; giving and lending freely, according to our abilities, and the necessities of others; moderation of our judgments, wills, and affections, concerning worldly goods; a provident care and study to get, keep, use, and dispose of those things which are necessary and convenient for the sustentation of our nature, and suitable to our condition; a lawful calling, and diligence in it; frugality; avoiding unnecessary law-suits, and suretyship, or other like engagements; and an endeavor, by all just and lawful means, to procure, preserve, and further the wealth and outward estate of others, as well as our own.

Ps. 15:2, 4; Zech. 7:4, 10; Zech. 8:16-17; Rom. 13:7; Lev. 6:2-5; Luke 19:8; Luke 6:30, 38; 1John 3:17; Eph. 4:28; Gal. 6:10; 1Tim. 6:6-9; Gal. 6:14; 1Tim. 5:8; Prov. 27:23-27; Ecc. 2:24; Ecc. 3:12-13; 1Tim. 6:17-18; Isa. 38:1; Matt. 11: 8; 1 Cor. 7:20; Gen. 2:15; Gen. 3:19; Eph. 4:28; Prov. 10:4; John 6:12; Prov. 21:20; 1 Cor. 6:1-9; Prov. 6:1-6; Prov. 11:15; Lev. 25:35; Deut. 22:1-4; Ex. 23:4-5; Gen. 47:14, 20; Phil. 2:4; Matt. 22:39

문 140. 제8계명은 무엇인가?

답. 제8계명은 "도둑질하지 못한다"이다.

출 20:15

문 141. 제8계명에서 요구하는 의무들은 무엇인가?

답. 제8계명에서 요구하는 의무들은, 사람과 사람 사이의 상거래와 계약에 있어 진실하고 신실하고 공정할 것,[1] 모든 사람에게 각자가 당연히 받을 것을 줄 것,[2] 바른 소유주로부터 불법적으로 가로챈 재물에 대한 배상,[3] 우리의 능력과 타인의 필요에 따라 기꺼이 주거나 빌려줄 것,[4] 세상의 재물에 대한 우리의 판단과 의지와 애착을 절제하는 것,[5] 우리의 생명을 유지하는 데 필요하고 편리하며 우리의 형편에 적절한 것들을 얻고 유지하고 사용하며 처분하는 데[7] 신중히 배려하고 연구하는 것,[6] 합법적인 직업을 갖고[8] 그 일에 부지런할 것,[9] 검소할 것,[10] 불필요한 소송과[11] 저당 잡는 일과 이와 유사한 일들을 피할 것,[12] 우리 자신뿐 아니라 타인들이 부와 외형적 재산을 얻고 보존하고 증식하도록 모든 정당하고 합법적인 방법으로 노력하는 것이다.[13]

1) 시 15:2, 4; 슥 7:4, 10; 슥 8:16–17   2) 롬 13:7   3) 레 6:2–5; 눅 19:8
4) 눅 6:30, 38; 요일 3:17; 엡 4:28; 갈 6:10   5) 딤전 6:6–9; 갈 6:14
6) 딤전 5:8
7) 잠 27:23–27; 전 2:24; 전 3:12–13; 딤전 6:17–18; 사 38:1; 마 11: 8
8) 고전 7:20; 창 2:15; 창 3:19   9) 엡 4:28; 잠 10:4
10) 요 6:12; 잠 21:20   11) 고전 6:1–9   12) 잠 6:1–6; 잠 11:15
13) 레 25:35; 신 22:1–4; 출 23:4–5; 창 47:14, 20; 빌 2:4; 마 22:39

Q 142. What are the sins forbidden in the eighth commandment?

A. The sins forbidden in the eighth commandment, besides the neglect of the duties required, are, theft, robbery, man-stealing, and receiving any thing that is stolen; fraudulent dealing; false weights and measures; removing landmarks; injustice and unfaithfulness in contracts between man and man, or in matters of trust; oppression; extortion; usury; bribery; vexatious lawsuits; unjust inclosures and depopulations; engrossing commodities to enhance the price, unlawful callings, and all other unjust or sinful ways of taking or withholding from our neighbor what belongs to him, or of enriching ourselves; covetousness; inordinate prizing and affecting worldly goods; distrustful and distracting cares and studies in getting, keeping, and using them; envying at the prosperity of others; as likewise idleness, prodigality, wasteful gaming; and all others ways whereby we do unduly prejudice our own outward estate, and defrauding ourselves of the due use and comfort of that estate which God hath given us.

Jas. 2:15-16; 1John 3:17; Eph. 4:28; Ps. 62:10; 1Tim. 1:10; Prov. 29:24; Ps. 50:18; 1Thess. 4:6; Prov. 11:1; Prov. 20:10; Deut. 19:14; Prov. 23:10; Amos 8:5; Ps. 37:21; Luke 16:10-12; Ezek. 22:29; Lev. 25:17; Matt. 23:25; Ezek. 22:12; Ps. 15:5; Job 15:34; 1Cor. 6:6-8; Prov. 3:29-30; Isa. 5:8; Mic. 2:2; Prov. 11:26; Acts 19:19, 24-25; Job 20:19; Jas. 5:4; Prov. 21:6; Luke 12:15; 1Tim. 6:5; Col. 3:2; Prov. 23:5; Ps. 62:10; Matt. 6:25, 31, 34; Ecc. 5:12; Ps. 73:3; Ps. 37:1, 7; 2Thess. 3:11; Prov. 18:9; Prov. 21:17; Prov. 23:20-21; Prov. 28:19; Ecc. 4:8; Ecc. 6:2; 1Tim. 5:8

문 142. 제8계명에서 금하는 죄들은 무엇인가?

답. 제8계명에서 금하는 죄들은, 요구되는 의무들을 소홀히 하는 것 외에도,[1] 절도,[2] 강도,[3] 납치,[4] 장물취득과,[5] 사기 거래,[6] 저울과 치수 속이기,[7] 땅 경계표 옮기기,[8] 사람 상호간의 계약이나[9] 신탁의 문제에[10] 불공정하고 신실하지 않은 것, 학대,[11] 착취,[12] 고리대금,[13] 뇌물,[14] 괴롭히는 소송,[15] 부당하게 담을 쌓거나 사람을 내쫓는 것,[16] 가격을 올리기 위한 사재기,[17] 불법적인 직업,[18] 이웃에게 속한 것을 빼앗거나 억류하거나 하며 우리 자신을 부요하게 하기 위한 불법적이고 죄악된 모든 방법,[19] 탐욕,[20] 세상 재물에 대해 과도하게 소중히 여기고 애착을 갖는 것,[21] 그 재물들을 획득하고 보존하고 사용하는데 사람들을 믿지 못하고 혼란스럽게 하려고 연구하는 것,[22] 다른 사람의 번영을 시기하는 것,[23] 게으름,[24] 방탕, 낭비하는 도박, 이밖에 우리 자신의 외형적 재산에 대한 부당한 편견을 가지고[25] 하나님이 우리에게 주신 재산을 적절히 사용하여 안락한 삶을 누리지 못하게 하는 모든 행위들이다.[26]

1) 약 2:15–16; 요일 3:17 2) 엡 4:28 3) 시 62:10 4) 딤전 1:10
5) 잠 29:24; 시 50:18 6) 살전 4:6
7) 잠 11:1; 잠 20:10 8) 신 19:14; 잠 23:10 9) 암 8:5; 시 37:21
10) 눅 16:10–12 11) 겔 22:29; 레 25:17 12) 마 23:25; 겔 22:12
13) 시 15:5 14) 욥 15:34 15) 고전 6:6–8; 잠 3:29–30
16) 사 5:8; 미 2:2 17) 잠 11:26 18) 행 19:19, 24–25
19) 욥 20:19; 약 5:4; 잠 21:6 20) 눅 12:15
21) 딤전 6:5; 골 3:2; 잠 23:5; 시 62:10 22) 마 6:25, 31, 34; 전 5:12
23) 시 73:3; 시 37:1, 7 24) 살후 3:11; 잠 18:9
25) 잠 21:17; 잠 23:20–21; 잠 28:19 26) 전 4:8; 6:2; 딤전 5:8

Q 143. Which is the ninth commandment?

A. The ninth commandment is, Thou shalt not bear false witness against thy neighbor.

Ex. 20:16

Q 144. What are the duties required in the ninth commandment?

A. The duties required in the ninth commandment are, the preserving and promoting of truth between man and man, and the good name of our neighbor, as well as our own: appearing and standing for the truth; and from the heart, sincerely, freely, clearly, and fully, speaking the truth, and only the truth, in matters of judgment and justice, and in all other things whatsoever; a charitable esteem of our neighbors; loving, desiring, and rejoicing in their good name; sorrowing for, and covering of their infirmities; freely acknowledging of their gifts and graces, defending their innocency; a ready receiving of good report, and unwillingness to admit of an evil report, concerning them; discouraging tale-bearers, flatterers, and slanderers; love and care of our own good name, and defending it when need requireth; keeping of lawful promises; study and practising of whatsoever things are true, honest, lovely, and of good report.

Zech. 8:16; 3John 1:12; Prov. 31:8-9; Ps. 15:2; 2Chr. 19:9; 1Sam. 19:4-5;

Josh. 7:19; 2Sam. 14:18-20; Lev. 19:15; Prov. 14:5, 25; 2Cor. 1:17-18;

Eph. 4:25; Heb. 6:9; 1Cor. 13:7; Rom. 1:8; 2John 1:4; 3John 1:3-4;

1Cor. 1:4-5, 7; 2Tim. 1:4-5; 1Sam. 22:14; 1Cor. 13:6-7; Ps. 15:3;

Prov. 25:23; Prov. 26:24-25; Ps. 101:5; Prov. 22:1; John 8:49; Ps. 15:4;

Phil. 4:8; 2 Cor. 2:4; 2Cor. 12:21; Prov. 17:9; 1Pet. 4:8

문 143. 제9계명은 무엇인가?

답. 제9계명은 "너희 이웃에게 불리한 거짓 증언을 하지 못한다"이다.

출 20:16

문 144. 제9계명에서 요구하는 의무들은 무엇인가?

답. 제9계명에서 요구하는 의무들은, 사람과 사람 사이에 진실함과,[1] 우리 자신뿐 아니라 우리 이웃의 좋은 평판을 보존하고 증진하는 것,[2] 진실을 위해 나서는 것,[3] 재판과 공의의 일이나[9] 다른 모든 일에서[10] 마음에서부터[4] 신실하고[5] 자유롭고[6] 명확하고[7] 온전하게[8] 오직 진리만을 말하는 것, 이웃에 대해 관대하게 평가하고[11] 그들의 명예로운 이름을 사랑하고 바라고 기뻐하는 것,[12] 이웃의 연약함을 슬퍼하고[13] 감싸주는 것,[14] 그들의 결백을 변호하면서[16] 그들의 은사와 은혜를 기꺼이 인정하는 것,[15] 그들에 관한 좋은 세평은 기꺼이 받아들이고[17] 악의적 세평은 시인하기를 꺼려하는 것,[18] 고자질과[19] 아첨과[20] 중상하는[21] 자들을 억제하는 것, 필요할 때에는 우리의 명예를 사랑하고 보살피고 방어하는 것,[22] 합법적인 약속을 지키는 것,[23] 참되고 정직하고 사랑스럽고 좋은 평판이 있는 것은 무엇이든지 연구하고 실행하는 것이다.[24]

1) 슥 8:16 2) 요삼 1:12 3) 잠 31:8–9 4) 시 15:2 5) 대하 19:9
6) 삼상 19:4–5 7) 수 7:19 8) 삼하 14:18–20 9) 레 19:15; 잠 14:5, 25
10) 고후 1:17–18; 엡 4:25 11) 히 6:9; 고전 13:7
12) 롬 1:8; 요이 1:4; 요삼 1:3–4 13) 고후 2:4; 고후 12:21
14) 잠 17:9; 벧전 4:8 15) 고전 1:4–5, 7; 딤후 1:4–5 16) 삼상 22:14
17) 고전 13:6–7 18) 시 15:3 19) 잠 25:23 20) 잠 26:24–25
21) 시 101:5 22) 잠 22:1; 요 8:49 23) 시 15:4 24) 빌 4:8

Q 145. What are the sins forbidden in the ninth commandment?

A. The sins forbidden in the ninth commandment are, all prejudicing the truth, and the good name of our neighbors, as well as our own, especially in public judicature; giving false evidence; suborning false witnesses; wittingly appearing and pleading for an evil cause; out-facing and overbearing the truth; passing unjust sentence; calling evil good, and good evil; rewarding the wicked according to the work of the righteous, and the righteous according to the work of the wicked; forgery; concealing the truth; undue silence in a just cause, and holding our peace when iniquity calleth for either a reproof from ourselves, or complaint to others; speaking the truth unseasonably, or maliciously to a wrong end, or perverting it to a wrong meaning, or in doubtful and equivocal expressions, to the prejudice of truth or justice; speaking untruth, lying, slandering, backbiting, detracting, tale-bearing, whispering, scoffing, reviling, rash, harsh, and partial censuring; misconstructing intentions, words, and actions; flattering, vain-glorious boasting, thinking or speaking too highly or too meanly of ourselves or others; denying the gifts and graces of God; aggravating smaller faults; hiding, excusing, or extenuating of sins, when called to a free confession; unnecessary discovering of infirmities; raising false rumours, receiving and countenancing evil reports, and stopping our ears against just defence; evil suspicion; envying or grieving at the deserved credit of any, endeavouring or desiring to impair it, rejoicing in their disgrace and infamy; scornful contempt; fond admiration; breach of lawful promises; neglecting such things as are

문 145. 제9계명에서 금하는 죄들은 무엇인가?

답. 제9계명에서 금하는 죄들은, 우리 자신뿐만 아니라 이웃의 진실과 좋은 평판을 훼손하는 모든 것[1] 특히 공적인 법정에서 그렇게 하는 것,[2] 거짓 증거를 제공하는 것,[3] 위증을 교사하는 것,[4] 악한 소송을 위해 나서서 변론하며 진실을 외면하고 억압하는 것,[5] 악을 선하다 하고 선을 악하다 하며 부당한 판결을 내리는 것,[6] 선한 사람이 한 일에 따라 악인에게 보상하고 악인이 한 일에 따라 선한 사람에게 벌을 주는 것,[7] 문서위조,[8] 진실을 은폐하고 정당한 소송에서 부당하게 침묵하며[9] 부당한 일에 대한 우리의 책망이나[10] 다른 사람들의 불평이 요구될 때 우리의 안녕만을 지키려 하는 것,[11] 진실을 말하더라도 때에 맞지 않게 하거나[12] 그릇된 목적으로 악의로 말하는 것과[13] 진리와 공의를 곡해하기 위해 잘못된 의미로 뒤틀고[14] 의심스럽고 애매하게 왜곡하는 것,[15] 비진실,[16] 거짓말,[17] 중상,[18] 뒤에서 하는 험담,[19] 훼방,[20] 고자질,[21] 수근거림,[22] 비웃음,[23] 욕설,[24] 조급하고[25] 가혹함[26] 그리고 편파적인 책망,[27] 의도와 말과 행동의 오해,[28] 아첨과[29] 이기적인 자랑,[30] 우리 자신이나 다른 사람들을 너무 높게 혹은 너무 낮게 생각하고 말하는 것,[31] 하나님의 은사와 은혜를 부정하는 것,[32] 작은 결점을 과장하는 것,[33] 죄를 솔직히 자백해야 할 때 그것을 숨기고 변명하고 경시하는 것,[34] 남의 약점을 쓸데없이 들춰내는 것,[35] 거짓 소문을 내며[36] 악한 세평은 받아들이고 동조하면서[37] 정당한 변호에 대해서는 귀를 막는 것,[38] 악한 의심,[39] 마땅히 받을만해서 받는 다른 사람들의 신망에 대해 시기하고 배 아파하며[40] 그것을 손상시키기 위해 노력하고 바라며[41] 그들의 수치와 오명을 기뻐하는 것,[42] 조롱하는 경멸,[43] 어리석은 칭찬,[44] 정당한 약속의 파기,[45] 좋은 평판을 받는 일들을 무시하

of good report; and practicing or not avoiding ourselves, or not hindering what we can in others, such things as procure an ill name.

1Sam. 17:28; 2Sam. 16:3; 2Sam. 1:9-10, 15-16; Lev. 19:15; Hab. 1:4; Prov. 19:5; Prov. 6:16, 19; Acts 6:13; Jer. 9:3, 5; Acts 24:2, 5; Ps. 12:3-4; Ps. 52:1-4; Prov. 17:15; 1Kings 21:9-14; Isa. 5:23; Ps. 119:69; Luke 19:8; Luke 16:5-7; Lev. 5:1; Deut. 13:8; Acts 5:3, 8-9; 2Tim. 4:16; 1Kings 1:6; Lev. 19:17; Isa. 59:4; Prov. 29:11; 1Sam. 22:9-10; Ps. 52:1-5; Ps. 56:5; John 2:19; Matt. 26:60-61; Gen. 3:5; Gen. 26:7, 9; Isa. 59:13; Lev. 19:11; Col. 3:9; Ps. 50:20; Ps. 15:3; Jas. 4:11; Jer. 38:4; Lev. 19:16; Rom. 1:29-30: Gen. 21:9; Gal. 4:29; 1Cor. 6:10; Matt. 7:1; Acts 28:4; Gen. 38:24; Rom. 2:1; Neh. 6:6-8; Rom. 3:8; Ps. 69:10; 1Sam. 1:13-15; 2Sam. 10:3; Ps. 12:2-3; 2Tim. 3:2; Luke 18:9, 11; Rom. 12:16; 1Cor. 4:6; Acts 12:22; Ex. 4:10-14; Job 27:5-6; Job 4:6; Matt. 7:3-5; Prov. 28:13; Prov. 30:20; Gen. 3:12-13; Jer. 2:35; 2Kings 5:25; Gen. 4:9; Gen. 9:22; Prov. 25:9-10; Ex. 23:1; Prov. 29:12; Acts 7:56-57; Job 31:13-14; 1Cor. 13:5; 1Tim. 6:4; Num. 11:29; Matt. 21:15; Ezra 4:12-13; Jer. 48:27; Ps. 35:15-16, 21; Matt. 27:28-29; Jude 1:16; Acts 12:22; Rom. 1:31; 2 Tim. 3:3; 1Sam. 2:24; 2 Sam. 13:12-13; Prov. 5:8-9; Prov. 6:33

Q 146. Which is the tenth commandment?

A. The tenth commandment is, Thou shalt not covet thy neighbor's house, thou shalt not covet thy neighbor's wife, nor his man-servant, nor his maid-servant, nor his ox, nor his ass, nor any thing that is thy neighbor's.

Ex. 20:17

는 것,[46] 나쁜 평판을 받을 수 있는 일들을 행하고 피하지 않으며 다른 사람들에게도 그런 일이 일어나지 않도록 막을 수 있으면서도 막지 않는 것이다.[47]

1) 삼상 17:28; 삼하 16:3; 삼하 1:9–10, 15–16   2) 레 19:15; 합 1:4
3) 잠 19:5; 잠 6:16, 19   4) 행 6:13
5) 렘 9:3, 5; 행 24:2, 5; 시 12:3–4; 시 52:1–4   6) 잠 17:15; 왕상 21:9–14
7) 사 5:23   8) 시 119:69; 눅 19:8; 눅 16:5–7
9) 레 5:1; 신 13:8; 행 5:3, 8–9; 딤후 4:16   10) 왕상 1:6; 레 19:17
11) 사 59:4   12) 잠 29:11   13) 삼상 22:9–10; 시 52:1–5
14) 시 56:5; 요 2:19; 마 26:60–61   15) 창 3:5; 창 26:7, 9   16) 사 59:13
17) 레 19:11; 골 3:9   18) 시 50:20   19) 시 15:3   20) 약 4:11; 렘 38:4
21) 레 19:16   22) 롬 1:29–30   23) 창 21:9; 갈 4:29   24) 고전 6:10
25) 마 7:1   26) 행 28:4   27) 창 38:24; 롬 2:1
28) 느 6:6–8; 롬 3:8; 시 69:10; 삼상 1:13–15; 삼하 10:3   29) 시 12:2–3
30) 딤후 3:2   31) 눅 18:9, 11; 롬 12:16; 고전 4:6; 행 12:22; 출 4:10–14
32) 욥 27:5–6; 욥 4:6   33) 마 7:3–5
34) 잠 28:13; 잠 30:20; 창 3:12–13; 렘 2:35; 왕하 5:25; 창 4:9
35) 창 9:22; 잠 25:9–10   36) 출 23:1   37) 잠 29:12
38) 행 7:56–57; 욥 31:13–14   39) 고전 13:5; 딤전 6:4
40) 민 11:29; 마 21:15   41) 스 4:12–13   42) 렘 48:27
43) 시 35:15–16, 21; 마 27:28–29   44) 유 1:16; 행 12:22
45) 롬 1:31; 딤후 3:3   46) 삼상 2:24
47) 삼하 13:12–13; 잠 5:8–9; 잠 6:33

문 146. 제10계명은 무엇인가?

답. 제10계명은 "너희 이웃의 집을 탐내지 못한다. 너희 이웃의 아내나 남종이나 여종이나 소나 나귀나 할 것 없이, 너희 이웃의 소유는 어떤 것도 탐내지 못한다"이다.

출 20:17

Q 147. What are the duties required in the tenth commandment?

A. The duties required in the tenth commandment are, such a full contentment with our own condition, and such a charitable frame of the whole soul toward our neighbor, as that all our inward motions and affections touching him, tend unto, and further all that good which is his.

Heb. 13:5; 1 Tim. 6:6; Job 31:29; Rom. 12:15; Ps. 122:7-9; 1Tim. 1:5;

Esther 10:3; 1Cor. 13:4-7

Q. 148. What are the sins forbidden in the tenth commandment?

A. The sins forbidden in the tenth commandment are, discontentment with our own estate; envying, and grieving at the good of our neighbor, together with all inordinate motions and affections to anything that is his.

1Kings 21:4; Esther 5:13; 1Cor. 10:10; Gal. 5:26; Jas. 3:14, 16;

Ps. 112:9-10; Neh. 2:10; Rom. 7:7-8; Rom. 13:9; Col. 3:5; Deut. 5:21

Q 149. Is any man able perfectly to keep the commandments of God?

A. No man is able, either of himself, or by any grace received in this life, perfectly to keep the commandments of God; but doth daily break them in thought, word, and deed.

Jas. 3:2; John 15:5; Rom. 8:3; Ecc. 7:20; 1 John 1:8, 10; Gal. 5:17;

Rom. 7:18-19; Gen. 6:5; Gen. 8:21; Rom. 3:9-19; Jas. 3:2-13

문 147. 제10계명에서 요구하는 의무들은 무엇인가?

답. 제10계명에서 요구하는 의무들은, 우리 자신의 처지에 온전히 만족하고[1] 우리의 온 마음에 이웃을 향한 자비로운 태도를 가짐으로 우리의 모든 내면의 동기와 감정이 이웃을 감동시키며 그가 소유한 모든 선한 것들을 돌보고 증진시키는 것이다.[2]

1) 히 13:5; 딤전 6:6
2) 욥 31:29; 롬 12:15; 시 122:7-9; 딤전 1:5; 에 10:3; 고전 13:4-7

문 148. 제10계명에서 금하는 죄들은 무엇인가?

답. 제10계명에서 금하는 죄들은, 우리 자신의 처지에 불만족하는 것,[1] 우리 이웃의 좋은 상황을 시기하고[2] 배 아파하며[3] 그가 소유한 어떤 것에라도 부당한 생각과 애정을 갖는 것이다.[4]

1) 왕상 21:4; 에 5:13; 고전 10:10   2) 갈 5:26; 약 3:14, 16
3) 시 112:9-10; 느 2:10   4) 롬 7:7-8; 롬 13:9; 골 3:5; 신 5:21

문 149. 하나님의 계명을 완전하게 지킬 수 있는 사람이 있는가?

답. 자기 스스로의 힘이나[1] 또는 이 생에서 받은 어떤 은혜를 힘입든지 하나님의 계명을 완전히 지킬 수 있는 사람은 아무도 없고,[2] 날마다 생각과[3] 말과 행동으로[4] 그 계명들을 어길 뿐이다.

1) 약 3:2; 요 15:5; 롬 8:3
2) 전 7:20; 요일 1:8, 10; 갈 5:17; 롬 7:18-19   3) 창 6:5; 창 8:21
4) 롬 3:9-19; 약 3:2-13

14
Sin and Judgment
(Question 150–152)

Q 150. Are all transgressions of the law of God equally heinous in themselves, and in the sight of God?

A. All transgressions of the law of God are not equally heinous; but some sins in themselves, and by reason of several aggravations, are more heinous in the sight of God than others.

John 19:11; Ezek. 8:6, 13, 15; 1John 5:16; Ps. 78:17, 32, 56

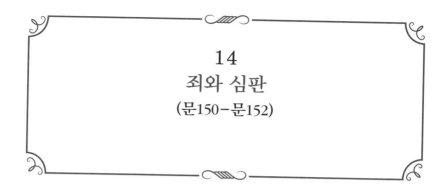

14
죄와 심판
(문150-문152)

문 150. 하나님의 율법을 어기는 모든 것이 그 자체로 또한 하나님 보시기에 동일하게 가증스러운가?

답. 하나님의 율법을 어기는 모든 것이 동일하게 가증스러운 것은 아니고, 어떤 죄들은 그 자체로 그리고 죄를 더 악화시키는 여러 요소들 때문에 하나님 보시기에 다른 죄들보다 더 가증스럽다.

요 19:11; 겔 8:6, 13, 15; 요일 5:16; 시 78:17, 32, 56

Q 151. What are those aggravations that make some sins more heinous than others?

A. Sins receive their aggravations,

1. From the persons offending: if they be of riper age, greater experience or grace, eminent for profession, gifts, place, office, guides to others, and whose example is likely to be followed by others.

2. From the parties offended: if immediately against God, his attributes, and worship; against Christ, and his grace; the Holy Spirit, his witness, and workings; against superiors, men of eminency, and such as we stand especially related and engaged unto; against any of the saints, particularly weak brethren, the souls of them or any other, and the common good of all or many.

3. From the nature and quality of the offence: if it be against the express letter of the law, break many commandments, contain in it many sins: if not only conceived in the heart, but break forth in words and actions, scandalize others, and admit of no reparation: if against means, mercies, judgments, light of nature, conviction of conscience, public or private admonition, censures of the church, civil punishments; and our prayers, purposes, promises, vows, covenants, and engagements to God or men: if done deliberately, wilfully, presumptuously, impudently, boastingly, maliciously, frequently, obstinately, with delight, continuance, or relapsing after repentance.

4. From circumstances of time and place: if on the Lord's day, or other times of divine worship; or immediately before or

문 151. 어떤 죄들을 다른 죄들 보다 더 가증스럽게 악화시키는 요소들은 무엇인가?

답. 죄가 더 가증스럽게 되는 것은 다음과 같은 경우이다.

1. 범죄한 사람들에 따라:[1] 더 성숙하고[2] 경험이나 은혜가 더 많거나[3] 직업과[4] 은사와[5] 지위와[6] 직분이[7] 탁월하고 타인을 지도하며[8] 다른 사람들이 본받을 만한 사람이[9] 죄를 범했을 때

2. 범죄의 대상에 따라:[10] 곧바로 하나님과[11] 그의 속성과[12] 예배에 대항하는[13] 죄일 때, 그리스도와 그의 은혜에 대항하는 죄일 때,[14] 성령과[15] 그의 증거와[16] 사역에 대항하는[17] 죄일 때, 윗사람들과 지위와 신분이 뛰어난 사람들[18] 그리고 우리가 특별한 관계로 연결된 사람들을 거스를 때,[19] 성도들[20] 그중에서도 연약한 형제들과[21] 그들이나 다른 모든 영혼들[22] 그리고 많은 사람들의 공동의 선을 거스르는 죄를[23] 범했을 때

3. 죄의 성격과 죄질에 따라:[24] 명시된 율법을 거스르거나,[25] 많은 계명을 어기고 그 안에 포함된 많은 죄들을 범했을 때,[26] 마음으로 계획했을 뿐 아니라 말과 행동으로 표출하며[27] 남들을 중상하고도[28] 보상할 의도가 없을 때,[29] 수단,[30] 자비,[31] 심판,[32] 본성의 빛,[33] 양심의 가책[34] 공적 또는 사적 훈계,[35] 교회의 권징,[36] 국가의 징벌을[37] 거스를 때, 하나님과 사람에 대한 우리의 기도와 의도, 약속,[38] 서약[39] 언약,[40] 하나님과 사람에 대한 맹세를[41] 거스르는 경우, 면밀하게,[42] 의도적으로,[43] 주제넘게,[44] 뻔뻔하게,[45] 자랑하며,[46] 악의적으로[47] 자주[48] 완강하게[49] 기뻐하며,[50] 지속적으로[51] 죄를 범하거나 또는 회개한 후에 또다시 죄를 범할 때[52]

4. 죄를 범하는 시간과[53] 장소의 상황에[54] 따라: 주일이나[55] 다른 거룩한 예배를 드리는 중에나,[56] 이런 시간 바로 전이나[57] 후에[58]

after these, or other helps to prevent or remedy such miscarriages: if in public, or in the presence of others, who are thereby likely to be provoked or defiled.

Jer. 2:8; Job 32:7, 9; Ecc. 4:13; 1Kings 11:4, 9; 2Sam. 12:14; 1Cor. 5:1;

Jas. 4:17; Luke 12:47-48; Jer. 5:4-5; 2 Sam. 12:7-9; Ezek. 8:11-12;

Rom. 2:17-24; Gal. 2:11-14; Matt. 21:38-39; 1Sam. 2:25; Acts 5:4; Ps. 51:4;

Rom. 2:4; Mal. 1:8, 14; Heb. 2:2-3; Heb. 12:25; Heb. 10:29; Matt. 12:31-32;

Eph. 4:30; Heb. 6:4-6; Jude 1:8; Num. 12:8-9; Isa. 3:5; Prov. 30:17;

2Cor. 12:15; Ps. 55:12-15; Zeph. 2:8, 10-11; Matt. 18:6; 1Cor. 6:8;

Rev. 17:6; 1Cor. 8:11-12; Rom. 14:13, 15, 21; Ezek. 13:19; 1Cor. 8:12;

Rev. 18:12-13; Matt. 23:15; 1 Thess. 2:15-16; Josh. 22:20; Prov. 6:30-33;

Ezra 9:10-12; 1Kings 11:9-10; Col. 3:5; 1Tim. 6:10; Prov. 5:8-12;

Prov. 6:32-33; Josh. 7:21; Jas. 1:14-15; Matt. 5:22; Mic. 2:1; Matt. 18:7;

Rom. 2:23-24; Deut. 22:22, 28-29; Prov. 6:32-35; Matt. 11:21-24;

John 15:22; Isa. 1:3; Deut. 32:6; Amos 4:8-11; Jer. 5:3; Rom. 1:26-27;

Rom. 1:32; Dan. 5:22; Titus 3:10-11; Prov. 29:1; Titus 3:10; Matt. 18:17;

Prov. 27:22: Prov. 23:35; Ps. 78:34-37; Jer. 2:20; Jer. 42:5-6, 20, 21;

Ecc. 5:4-6; Prov. 20:25; Lev. 26:25; Prov. 2:17; Ezek. 17:18-19; Ps. 36:4;

Jer. 6:16; Num. 15:30; Ex. 21:14; Jer. 3:3; Prov. 7:13; Ps. 52:1; 3John 1:10;

Num. 14:22; Zech. 7:11-12; Prov. 2:14; Isa. 57:17; Jer. 34:8-11;

2Pet. 2:20-22; 2Kings 5:26; Jer. 7:10; Isa. 26:10; Ezek. 23:37-39;

Isa. 58:3-5; Num. 25:6-7; 1Cor. 11:20-21; Jer. 7:8-10; Prov. 7:14-15;

John 13:27, 30; Ezra 9:13-14; 2 Sam. 16:22; 1 Sam. 2:22-24

그리고 죄를 방지하거나 바로잡을 수 있는 다른 도움이 있음에도[59] 죄를 지을 때, 공적인 자리에서나 또는 다른 사람들 앞에서 죄를 지음으로 그들이 충동을 받거나 더럽혀질 수 있는 경우에[60] 짓는 죄는 더욱 가증스럽다.

1) 렘 2:8 2) 욥 32:7, 9; 전 4:13 3) 왕상 11:4, 9
4) 삼하 12:14; 고전 5:1 5) 약 4:17; 눅 12:47–48 6) 렘 5:4–5
7) 삼하 12:7–9; 겔 8:11–12 8) 롬 2:17–24 9) 갈 2:11–14
10) 마 21:38–39 11) 삼상 2:25; 행 5:4; 시 51:4 12) 롬 2:4
13) 말 1:8, 14 14) 히 2:2–3; 히 12:25 15) 히 10:29; 마 12:31–32
16) 엡 4:30 17) 히 6:4–6 18) 유 1:8; 민 12:8–9; 사 3:5
19) 잠 30:17; 고후 12:15; 시 55:12–15
20) 습 2:8, 10–11; 마 18:6; 고전 6:8; 계 17:6
21) 고전 8:11–12; 롬 14:13, 15, 21
22) 겔 13:19; 고전 8:12; 계 18:12–13; 마 23:15
23) 살전 2:15–16; 수 22:20 24) 잠 6:30–33
25) 스 9:10–12; 왕상 11:9–10
26) 골 3:5; 딤전 6:10; 잠 5:8–12; 잠 6:32–33; 수 7:21
27) 약 1:14–15; 마 5:22; 미 2:1 28) 마 18:7; 롬 2:23–24
29) 신 22:22, 28–29; 잠 6:32–35 30) 마 11:21–24; 요 15:22
31) 사 1:3; 신 32:6 32) 암 4:8–11; 렘 5:3 33) 롬 1:26–27
34) 롬 1:32; 단 5:22; 딛 3:10–11 35) 잠 29:1 36) 딛 3:10; 마 18:17
37) 잠 27:22; 잠 23:35 38) 시 78:34–37; 렘 2:20; 렘 42:5–6, 20, 21
39) 전 5:4–6; 잠 20:25 40) 레 26:25 41) 잠 2:17; 겔 17:18–19
42) 시 36:4 43) 렘 6:16 44) 민 15:30; 출 21:14 45) 렘 3:3; 잠 7:13
46) 시 52:1 47) 요삼 1:10 48) 민 14:22 49) 슥 7:11–12 50) 잠 2:14
51) 사 57:17 52) 렘 34:8–11; 벧후 2:20–22 53) 왕하 5:26
54) 렘 7:10; 사 26:10 55) 겔 23:37–39 56) 사 58:3–5; 민 25:6–7
57) 고전 11:20–21 58) 렘 7:8–10; 잠 7:14–15; 요 13:27, 30
59) 스 9:13–14 60) 삼하 16:22; 삼상 2:22–24

Q. 152. What doth every sin deserve at the hands of God?

A. Every sin, even the least, being against the sovereignty, goodness, and holiness of God, and against his righteous law, deserveth his wrath and curse, both in this life, and that which is to come; and cannot be expiated but by the blood of Christ.

Jas. 2:10-11; Ex. 20:1-2; Hab. 1:13; Lev. 10:3; Lev. 11:44-45; 1John 3:4; Rom. 7:12; Eph. 5:6; Gal. 3:10; Lam. 3:39; Deut. 28:15-68; Matt. 25:41; Heb. 9:22; 1Pet. 1:18-19

문 152. 모든 죄가 하나님의 손에서 마땅히 받아야 하는 것은 무엇인가?

답. 모든 죄는, 아무리 작은 죄라도, 하나님의 주권과[1] 선하심과[2] 거룩하심,[3] 그리고 그의 의로운 율법을 거스르는 것이므로[4] 이 세상과[6] 오는 세상에서[7] 하나님의 진노와 저주를 받는 것이 마땅하며,[5] 그리스도의 피가 아니면 속죄 받을 수 없다.[8]

1) 약 2:10–11   2) 출 20:1–2   3) 합 1:13; 레 10:3; 레 11:44–45
4) 요일 3:4; 롬 7:12   5) 엡 5:6; 갈 3:10   6) 애 3:39; 신 28:15–68
7) 마 25:41   8) 히 9:22; 벧전 1:18–19

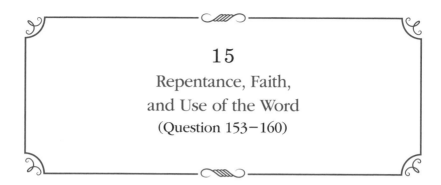

15
Repentance, Faith,
and Use of the Word
(Question 153–160)

Q 153. What doth God require of us, that we may escape his wrath and curse due to us by reason of the transgression of the law?

A. That we may escape the wrath and curse of God due to us by reason of the transgression of the law, he requireth of us repentance toward God, and faith toward our Lord Jesus Christ, and the diligent use of the outward means whereby Christ communicates to us the benefits of his mediation.

Acts 20:21; Matt. 3:7-8; Luke 13:3, 5; Acts 16:30-31; John 3:16, 18; Prov. 2:1-5; Prov. 8:33-36

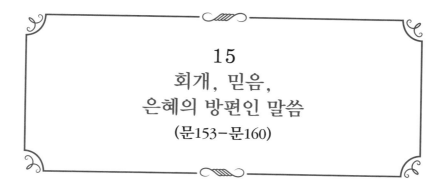

15
회개, 믿음,
은혜의 방편인 말씀
(문153-문160)

문 153. 죄를 범하였기에 우리에게 임할 하나님의 진노와 저주를 피하게
하기 위해 하나님은 우리에게 무엇을 요구하시는가?

답. 죄를 범하였기에 우리에게 임할 하나님의 진노와 저주를 피하게 하
기 위해, 하나님은 우리에게 하나님을 향한 회개와 주 예수 그리스
도를 향한 믿음과[1] 그리스도께서 우리에게 자신의 중보의 혜택들
을 전하시는 외적인 수단들을 부지런히 사용할 것을 요구하신다.[2]

1) 행 20:21; 마 3:7-8; 눅 13:3, 5; 행 16:30-31; 요 3:16, 18
2) 잠 2:1-5; 잠 8:33-36

Q 154. What are the outward means whereby Christ communicates to us the benefits of his mediation?

A. The outward and ordinary means whereby Christ communicates to his church the benefits of his mediation, are all his ordinances; especially the Word, Sacraments, and prayer: all which are made effectual to the elect for their salvation.

Matt. 28:19-20; Acts 2:42, 46-47

Q 155. How is the Word made effectual to salvation?

A. The Spirit of God maketh the reading, but especially the preaching of the Word, an effectual means of enlightening, convincing, and humbling sinners; of driving them out of themselves, and drawing them unto Christ; of conforming them to his image, and subduing them to his will; of strengthening them against temptations and corruptions; of building them up in grace, and establishing their hearts in holiness and comfort through faith unto salvation.

Neh. 8:8; Acts 26:18; Ps. 19:8; 1Cor. 14:24-25; 2Chr. 34:18-19, 26-28;

Acts 2:37, 41; Acts 8:27-39; 2Cor. 3:18; 2Cor. 10:4-6; Rom. 6:17;

Matt. 4:4, 7, 10; Eph. 6:16-17; Ps. 19:11; 1Cor. 10:11; Acts 20:32;

2Tim. 3:15-17; Rom. 16:25; 1Thess. 3:2, 10-11, 13; Rom. 15:4;

Rom. 10:13-17; Rom. 1:16

문 154. 그리스도께서 우리에게 자신의 중보의 혜택들을 전하시는 외적인 수단들은 무엇인가?

답. 그리스도께서 그의 교회에게 자신의 중보의 혜택들을 전하는 외적이고 일반적인 수단들은 그의 모든 규례인데, 특별히 말씀과 성례와 기도이며 이것들은 택함을 입은 자들의 구원을 이루는 데 유효하다.

마 28:19-20; 행 2:42, 46-47

문 155. 말씀이 어떻게 구원에 유효하게 되는가?

답. 하나님의 성령이 말씀을 읽는 것, 특별히 말씀을 전하는 것을 죄인을 일깨우시고[1] 확신시키시고 겸손하게 하시는 유효한 수단이 되게 하시며,[2] 그들을 자신들에게서 끌어내어 그리스도께로 이끄시며,[3] 그들이 하나님의 형상을 따르며[4] 그의 뜻에 복종하게 하시며,[5] 유혹과 부패를 대항하도록 그들을 강하게 하시고,[6] 은혜 안에서 그들을 세우시고[7] 그들의 마음을 구원에 이르는 믿음을 통해 거룩하고 평안하게 굳게 세우는데 유효한 수단이 되게 하신다.[8]

1) 느 8:8; 행 26:18; 시 19:8   2) 고전 14:24-25; 대하 34:18-19, 26-28
3) 행 2:37, 41; 행 8:27-39   4) 고후 3:18   5) 고후 10:4-6; 롬 6:17
6) 마 4:4, 7, 10; 엡 6:16-17; 시 19:11; 고전 10:11
7) 행 20:32; 딤후 3:15-17
8) 롬 16:25; 살전 3:2, 10-11, 13; 롬 15:4; 롬 10:13-17; 롬 1:16

Q 156. Is the Word of God to be read by all?

A. Although all are not to be permitted to read the Word publicly to the congregation, yet all sorts of people are bound to read it apart by themselves, and with their families: to which end, the holy Scriptures are to be translated out of the original into vulgar languages.

Deut. 31:9, 11-13; Neh. 8:2-3; Neh. 9:3-5; Deut. 17:19; Rev. 1:3; John 5:39; Isa. 34:16; Deut. 6:6-9; Gen. 18:17, 19; Ps. 78:5-7; 1Cor. 14:6, 9, 11-12, 15-16, 24, 27-28

Q 157. How is the Word of God to be read?

A. The holy Scriptures are to be read with an high and reverent esteem of them; with a firm persuasion that they are the very Word of God; and that he only can enable us to understand them; with desire to know, believe, and obey, the will of God revealed in them; with diligence, and attention to the matter and scope of them; with meditation, application, self-denial, and prayer.

Ps. 19:10; Neh. 8:3-10; Ex. 24:7; 2Chr. 34:27; Isa. 66:2; 2Pet. 1:19-21; Luke 24:45; 2Cor. 3:13-16; Deut. 17:19-20; Acts 17:11; Acts 8:30, 34; Luke 10:26-28; Ps. 1:2; Ps. 119:97; 2Chr. 34:21; Prov. 3:5; Deut. 33:3; Prov. 2:1-6; Ps. 119: 18; Neh. 8:6, 8

문 156. 하나님의 말씀은 모든 사람이 읽어야 하는가?

답. 비록 모든 사람들게 하나님의 말씀을 회중 앞에서 공적으로 봉독하는 것이 허락되지는 않았지만[1] 그럼에도 모든 부류의 사람들이 각자 혼자서[2] 또 가족들과 함께[3] 하나님의 말씀을 읽을 의무가 있다. 이를 위해서 성경은 원어에서 각 나라 말로 번역되어야 한다.[4]

1) 신 31:9, 11–13; 느 8:2–3; 느 9:3–5
2) 신 17:19; 계 1:3; 요 5:39; 사 34:16
3) 신 6:6–9; 창 18:17, 19; 시 78:5–7
4) 고전 14:6, 9, 11–12, 15–16, 24, 27–28

문 157. 하나님의 말씀은 어떻게 읽어야 하는가?

답. 성경은 높이 받들어 경외하는 마음으로,[1] 그것이 바로 하나님의 말씀이라는 것과[2] 하나님만이 우리가 그 말씀을 깨달을 수 있게 하신다는 굳은 확신을 가지고,[3] 그 안에 계시된 하나님의 뜻을 알고 믿고 순종하기를 열망하며,[4] 부지런히,[5] 말씀의 내용과 의도에 주의를 기울이며,[6] 묵상하고[7] 적용하고[8] 자신을 부인하며[9] 기도하면서[10] 읽어야 한다.

1) 시 19:10; 느 8:3–10; 출 24:7; 대하 34:27; 사 66:2   2) 벧후 1:19–21
3) 눅 24:45; 고후 3:13–16   4) 신 17:19–20   5) 행 17:11
6) 행 8:30, 34; 눅 10:26–28   7) 시 1:2; 시 119:97   8) 대하 34:21
9) 잠 3:5; 신 33:3   10) 잠 2:1–6; 시 119: 18; 느 8:6, 8

Q 158. By whom is the Word of God to be preached?

A. The Word of God is to be preached only by such as are sufficiently gifted, and also duly approved and called to that office.

1Tim. 3:2, 6; Eph. 4:8-11; Hos. 4:6; Mal. 2:7; 2Cor. 3:6; Jer. 14:15;

Rom. 10:15; Heb. 5:4; 1Cor. 12:28-29; 1Tim. 3:10; 1Tim. 4:14; 1Tim. 5:22

Q 159. How is the Word of God to be preached by those that are called thereunto?

A. They that are called to labor in the ministry of the Word are to preach sound doctrine, diligently, in season, and out of season; plainly, not in the enticing words of man's wisdom but in demonstration of the Spirit, and of power; faithfully, making known the whole counsel of God; wisely, applying themselves to the necessities and capacities of the hearers; zealously, with fervent love to God and the souls of his people; sincerely, aiming at his glory, and their conversion, edification, and salvation.

Titus 2:1, 8; Acts 18:25; 2Tim. 4:2; 1Cor. 14:19; 1Cor. 2:4; Jer. 23:28;

1Cor. 4:1-2; Acts 20:27; Col. 1:28; 2Tim. 2:15; 1Cor. 3:2; Heb. 5:12-14;

Luke 12:42; Acts 18:25; 2Cor. 5:13-14; Phil. 1:15-17; Col. 4:12; 2Cor. 12:15;

2Cor. 2:17; 2 Cor. 4:2; 1Thess. 2:4-6; John 7:18; 1Cor. 9:19-22;

2Cor. 12:19; Eph. 4:12; 1Tim. 4:16; Acts 26:16-18

문 158. 하나님의 말씀은 누가 설교해야 하는가?

답. 충분한 은사를 받았을 뿐 아니라[1] 정식으로 공인되고 설교하는 직분으로 부름 받은 자들만이[2] 하나님의 말씀을 설교해야 한다.

1) 딤전 3:2, 6; 엡 4:8–11; 호 4:6; 말 2:7; 고후 3:6
2) 렘 14:15; 롬 10:15; 히 5:4; 고전 12:28–29; 딤전 3:10; 딤전 4:14; 딤전 5:22

문 159. 설교하도록 부름 받은 사람들은 하나님의 말씀을 어떻게 설교해야 하는가?

답. 말씀 사역에 힘쓰도록 부름 받은 사람들은 때를 얻든지 못 얻든지[3] 올바른 교리를[1] 부지런히[2] 설교해야 하며, 알기 쉽게 하고[4] 사람의 지혜의 말로 유인하지 말고 성령과 능력이 나타나도록[5] 해야 하며, 충실하게[6] 하나님의 모든 뜻(성경 전체)을 알리도록[7] 해야 하며, 청중의 필요와 역량에 따라 자신들을 적용함에 있어[9] 지혜롭게[8] 해야 하며, 하나님과[11] 그의 백성들의 영혼들을 뜨겁게 사랑하며[12] 열성적으로[10] 해야 하며, 하나님의 영광과[14] 듣는 사람들의 회심과[15] 계몽과[16] 구원을[17] 목표로 성실하게[13] 설교해야 한다.

1) 딛 2:1, 8   2) 행 18:25   3) 딤후 4:2   4) 고전 14:19   5) 고전 2:4
6) 렘 23:28; 고전 4:1–2   7) 행 20:27   8) 골 1:28; 딤후 2:15
9) 고전 3:2; 히 5:12–14; 눅 12:42   10) 행 18:25
11) 고후 5:13–14; 빌 1:15–17   12) 골 4:12; 고후 12:15
13) 고후 2:17; 고후 4:2   14) 살전 2:4–6; 요 7:18   15) 고전 9:19–22
16) 고후 12:19; 엡 4:12   17) 딤전 4:16; 행 26:16–18

Q 160. What is required of those that hear the Word preached?

A. It is required of those that hear the Word preached, that they attend upon it with diligence, preparation, and prayer; examine what they hear by the Scriptures; receive the truth with faith, love, meekness, and readiness of mind, as the Word of God; meditate, and confer of it; hide it in their hearts, and bring forth the fruit of it in their lives.

Prov. 8:34; 1Pet. 2:1-2; Luke 8:18; Ps. 119:18; Eph. 6:18-19; Acts 17:11; Heb. 4:2; 2Thess. 2:10; Jas. 1:21; Acts 17:11; 1Thess. 2:13; Luke 9:44; Heb. 2:1; Luke 24:14; Deut. 6:6-7; Prov. 2:1; Ps. 119:11; Luke 8:15; Jas. 1:25

문 160. 설교 되는 말씀을 듣는 자들에게 요구되는 것은 무엇인가?

답. 설교를 듣는 자들에게 요구되는 것은, 근면하게[1] 준비하고[2] 기도하면서[3] 주의해서 들을 것과, 들은 것을 성경에 비춰 검토할 것과,[4] 믿음과[5] 사랑과[6] 온유함과[7] 준비된 마음가짐으로[8] 진리를 하나님의 말씀으로 받을 것과,[9] 설교 되는 말씀을 묵상하고[10] 서로 나눌 것과,[11] 그것을 마음에 간직하고[12] 그들의 삶에서 열매로 나타낼 것[13] 등이다.

1) 잠 8:34 2) 벧전 2:1–2; 눅 8:18 3) 시 119:18; 엡 6:18–19
4) 행 17:11 5) 히 4:2 6) 살후 2:10 7) 약 1:21 8) 행 17:11
9) 살전 2:13 10) 눅 9:44; 히 2:1 11) 눅 24:14; 신 6:6–7
12) 잠 2:1; 시 119:11 13) 눅 8:15; 약 1:25

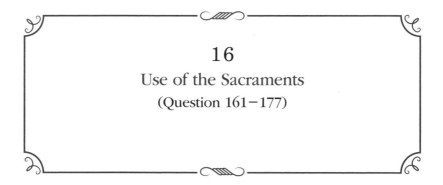

16
Use of the Sacraments
(Question 161−177)

Q 161. How do the Sacraments become effectual means of salvation?

A. The Sacraments become effectual means of salvation, not by any power in themselves, or any virtue derived from the piety or intention of him by whom they are administered; but only by the working of the Holy Ghost, and the blessing of Christ by whom they are instituted.

1Pet. 3:21; Acts 8:13, 23; 1Cor. 3:6-7; 1Cor. 12:13

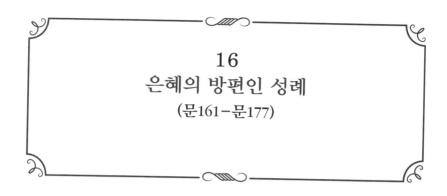

16
은혜의 방편인 성례
(문161-문177)

문 161. 성례들은 어떻게 구원의 효과적인 방편이 되는가?

답. 성례들이 구원의 효과적인 방편이 되는 것은 성례들 자체에 있는 어떤 능력이나 그것들을 집행하는 사람의 경건함이나 의도에서 나오는 어떤 덕 때문이 아니라, 오직 성령의 역사하심과 성례들을 제정하신 그리스도의 복 주심 때문이다.

벧전 3:21; 행 8:13, 23; 고전 3:6-7; 고전 12:13

Q 162. What is a Sacrament?

A. A Sacrament is an holy ordinance instituted by Christ in his Church, to signify, seal, and exhibit unto those that are within the covenant of grace, the benefits of his mediation; to strengthen and increase their faith, and all other graces; to oblige them to obedience; to testify and cherish their love and communion one with another; and to distinguish them from those that are without.

Gen. 17:7, 10; Ex. 12:1-51; Matt. 28:19; Matt. 26:26-28; Rom. 4:11; 1Cor. 11:24-25; Rom. 15:8; Ex. 12:48; Acts 2:38; 1Cor. 10:16; Rom. 4:11; Gal. 3:27; Rom. 6:3-4; 1Cor. 10:21; Eph. 4:2-5; 1Cor. 12:13; Eph. 2:11; Gen. 34:14

Q 163. What are the parts of a Sacrament?

A. The parts of a Sacrament are two: the one, an outward and sensible sign used according to Christ's own appointment; the other, an inward and spiritual grace thereby signified.

Matt. 3:11; 1 Pet. 3:21; Rom. 2:28-29

Q 164. How many Sacraments hath Christ instituted in his Church under the New Testament?

A. Under the New Testament Christ hath instituted in his Church only two Sacraments, Baptism and the Lord's Supper.

Matt. 28:19; 1Cor. 11:20, 23; Matt. 26:26-28

문 162. 성례는 무엇인가?

답. 성례는 그리스도께서 그의 교회 안에 제정하신 거룩한 규례인데,[1] 은혜 언약 안에 있는 사람들에게[3] 그리스도의 중보의 혜택을[4] 표시하고 인 치시고 드러내시기 위해,[2] 그들의 믿음과 다른 은혜들을 강화하고 증가시키기 위해,[5] 그들로 순종하게 하기 위해,[6] 서로 간에 사랑과 교통함을 입증하고 소중히 여기게 하기 위해,[7] 그들을 은혜 언약 밖에 있는 사람들과 구별하기 위해 제정하셨다.[8]

1) 창 17:7, 10; 출 12:1–51; 마 28:19; 마 26:26–28
2) 롬 4:11; 고전 11:24–25   3) 롬 15:8; 출 12:48
4) 행 2:38; 고전 10:16   5) 롬 4:11; 갈 3:27   6) 롬 6:3–4; 고전 10:21
7) 엡 4:2–5; 고전 12:13   8) 엡 2:11; 창 34:14

문 163. 성례의 요소들은 무엇인가?

답. 성례의 요소는 둘인데, 하나는 그리스도께서 손수 지정하신 대로 사용되는 외적이고 감지할 수 있는 표시이며, 다른 하나는 이 표시가 상징하는 내적이며 영적인 은혜이다.

마 3:11; 벧전 3:21; 롬 2:28–29

문 164. 신약성경에서 그리스도께서 그의 교회 안에 몇 개의 성례를 제정하셨는가?

답. 그리스도께서는 신약성경에서 그의 교회 안에 두 가지 성례만을 제정하셨는데, 곧 세례와 성찬이다.

마 28:19; 고전 11:20, 23; 마 26:26–28

Q 165. What is Baptism?

A. Baptism is a Sacrament of the New Testament, wherein Christ hath ordained the washing with water in the name of the Father, and of the Son, and of the Holy Ghost, to be a sign and seal of ingrafting into himself, of remission of sins by his blood, and regeneration by his Spirit; of adoption, and resurrection unto everlasting life; and whereby the parties baptized are solemnly admitted into the visible Church, and enter into an open and professed engagement to be wholly and only the Lord's.

Matt. 28:19; Gal. 3:26-27; Mark 1:4; Rev. 1:5; Titus 3:5; Eph. 5:26;

Gal. 3:26-27; 1Cor. 15:29; Rom. 6:5; 1Cor. 12:13; Rom. 6:4

Q 166. Unto whom is Baptism to be administered?

A. Baptism is not to be administered to any that are out of the visible Church, and so strangers from the covenant of promise, till they profess their faith in Christ, and obedience to him; but infants descended from parents, either both or but one of them professing faith in Christ, and obedience to him, are in that respect, within the covenant, and to be baptized.

Acts 8:36-37; Acts 2:38; Gen. 17:7, 9; Gal. 3:9, 14; Col. 2:11-12;

Acts 2:38-39; Rom. 4:11-12; 1Cor. 7:14; Matt. 28:19; Luke 18:15-16;

Rom. 11:16

문 165. 세례는 무엇인가?

답. 세례는 신약의 성례 중 하나로, 그리스도께서 성부와 성자와 성령의 이름으로 물로 씻을 것을 명하신 것인데,[1] 이는 그리스도 자신에게 접붙임과[2] 그의 피로 받는 죄사함,[3] 그의 성령으로 말미암는 중생,[4] 그리고 양자 됨과[5] 영생으로의 부활함의[6] 표시이자 봉인이며, 이로써 세례 받은 자들은 유형 교회에 엄숙하게 받아들여지고[7] 전적으로 오직 주님께 속한 자가 되기로 공개적으로 고백하며 약속하는 것이다.[8]

1) 마 28:19 2) 갈 3:26–27 3) 막 1:4; 계 1:5 4) 딛 3:5; 엡 5:26
5) 갈 3:26–27 6) 고전 15:29; 롬 6:5 7) 고전 12:13 8) 롬 6:4

문 166. 세례는 누구에게 베푸는가?

답. 세례는 유형 교회 밖에 있어서 약속의 언약을 모르는 사람들에게는 그들이 그리스도에 대한 믿음과 그에 대한 순종을 고백할 때까지는 베풀어서는 안된다.[1] 그러나 부모 두 사람 모두 또는 어느 한쪽이 그리스도에 대한 믿음과 그에 대한 순종을 고백하는 가정의 유아들은 그 관점에서 언약 안에 있으므로 그들에게는 세례를 베풀어야 한다.[2]

1) 행 8:36–37; 행 2:38
2) 창 17:7, 9; 갈 3:9, 14; 골 2:11–12; 행 2:38–39; 롬 4:11–12;
   고전 7:14; 마 28:19; 눅 18:15–16; 롬 11:16

Q 167. How is our Baptism to be improved by us?

A. The needful but much neglected duty of improving our Baptism, is to be performed by us all our life long, especially in the time of temptation, and when we are present at the administration of it to others, by serious and thankful consideration of the nature of it, and of the ends for which Christ instituted it, the privileges and benefits conferred and sealed thereby, and our solemn vow made therein; by being humbled for our sinful defilement, our falling short of, and walking contrary to, the grace of the Baptism and our engagements; by growing up to assurance of pardon of sin, and of all other blessings sealed to us in that Sacrament; by drawing strength from the death and resurrection of Christ, into whom we are baptized, for the mortifying of sin, and quickening of grace; and by endeavoring to live by faith, to have our conversation in holiness and righteousness, as those that have therein given up their names to Christ; and to walk in brotherly love, as being baptized by the same Spirit into one body.

Col. 2:11-12; Rom. 6:4, 6, 11; Rom. 6:3-5; 1Cor. 1:11-13; Rom. 6:2-3;
Rom. 4:11-12; 1Pet. 3:21; Rom. 6:3-5; Gal. 3:26-27; Rom. 6:22; Acts 2:38;
1Cor. 12:13, 25-27

문 167. 우리는 우리가 받은 세례를 어떻게 향상시켜야 하는가?

답. 필요하지만 매우 등한시되는 우리의 세례를 향상시키기 위한 의무는 우리가 평생동안 특히 유혹을 받을 때와 다른 사람들이 세례를 받는 자리에 우리가 참석했을 때 행해야 하는 것으로,[1] 세례의 본질과 그리스도께서 그것을 제정하신 목적과 세례를 받음으로 주어지고 보증된 특권과 혜택 그리고 세례 받을 때에 행한 엄숙한 서약을 진지하고 감사하게 숙고하는 것,[2] 세례 받던 때의 은혜와 그 안에서 행한 우리의 약속에 미치지 못하고 그에 반하는 우리의 죄악된 더러움과 생활방식을 생각하고 겸손하여지는 것,[3] 그 성례 안에서 우리에게 보증된 우리의 죄사함과 다른 모든 복에 대한 확신에 이르기까지 자라가는 것,[4] 그리스도 안에서 세례를 받은 우리가 그리스도의 죽음과 부활로부터 죄를 억제하고 은혜를 소생시키기 위한 힘을 이끌어 내는 것,[5] 세례를 받을 때 그리스도에게 우리의 이름을 드린 자들로서[8] 믿음으로 살며[6] 거룩하고 의로운 언사를 하려고 노력하는 것,[7] 한 성령으로 세례를 받아 한 몸을 이룬 자들로서 형제의 사랑으로 행하는 것[9] 등이다.

1) 골 2:11-12; 롬 6:4, 6, 11   2) 롬 6:3-5   3) 고전 1:11-13; 롬 6:2-3
4) 롬 4:11-12; 벧전 3:21   5) 롬 6:3-5   6) 갈 3:26-27   7) 롬 6:22
8) 행 2:38   9) 고전 12:13, 25-27

Q 168. What is the Lord's Supper?

A. The Lord's Supper is a Sacrament of the New Testament, wherein, by giving and receiving bread and wine according to the appointment of Jesus Christ, his death is shewed forth; and they that worthily communicate feed upon his body and blood, to their spiritual nourishment and growth in grace; have their union and communion with him confirmed; testify and renew their thankfulness, and engagement to God, and their mutual love and fellowship each with other, as members of the same mystical body.

Luke 22:20; Matt. 26:26-28; 1Cor. 11:23-26; 1Cor. 10:16; 1Cor. 11:24; 1Cor. 10:14-16, 21; 1Cor. 10:17

Q 169. How hath Christ appointed bread and wine to be given and received in the Sacrament of the Lord's Supper?

A. Christ hath appointed the ministers of his Word, in the administration of this Sacrament of the Lord's Supper, to set apart the bread and wine from common use, by the word of institution, thanksgiving, and prayer; to take and break the bread, and to give both the bread and the wine to the communicants: who are, by the same appointment, to take and eat the bread, and to drink the wine, in thankful remembrance that the body of Christ was broken and given, and his blood shed, for them.

1Cor. 11:23-24; Matt. 26:26-28; Mark 14:22-24; Luke 22:19-20

문 168. 성찬은 무엇인가?

답. 성찬은 신약의 성례 중 하나로,[1] 예수 그리스도께서 제정하신 대로 떡과 포도주를 주고받음으로 그의 죽으심을 보여주는 것인데, 이 성찬을 합당하게 받는 자들은 그들의 영적인 양식과 은혜 안에서의 성장을 위해 그리스도의 몸과 피를 섭취하는 것이며,[2] 그들이 그리스도와 연합되고 교통하는 것을 확증하는 것이며,[3] 하나님에 대한 감사와[4] 약속[5] 그리고 신비로운 한 몸의 지체로서[6] 그들 서로 간에 사랑과 교제함을 입증하고 새롭게 하는 것이다.

1) 눅 22:20   2) 마 26:26-28; 고전 11:23-26   3) 고전 10:16
4) 고전 11:24   5) 고전 10:14-16, 21   6) 고전 10:17

문 169. 그리스도께서는 성찬 예식을 시행할 때 떡과 포도주를 어떻게 주고받도록 제정하셨는가?

답. 그리스도께서는 이 성찬 예식을 시행할 때에 자기의 말씀을 맡은 사역자들이 떡과 포도주를 성찬 제정에 대한 말씀과 감사와 기도로 일반적인 용도로부터 구별하고, 떡을 취하여 떼어내어 떡과 포도주를 수찬자들에게 나누어 줄 것이며, 수찬자들은 동일한 명령을 따라 그리스도께서 자신들을 위하여 몸이 찢기시고 그의 피를 흘리신 것을 감사히 기념하면서 떡을 받아먹고 포도주를 마실 것을 제정하셨다.

고전 11:23-24; 마 26:26-28; 막 14:22-24; 눅 22:19-20

Q 170. How do they that worthily communicate in the Lord's Supper feed upon the body and blood of Christ therein?

A. As the body and blood of Christ are not corporally or carnally present in, with, or under the bread and wine in the Lord's Supper; and yet are spiritually present to the faith of the receiver, no less truly and really than the elements themselves are to their outward senses; so they that worthily communicate in the Sacrament of the Lord's Supper, do therein feed upon the body and blood of Christ, not after a corporal or carnal, but in a spiritual manner; yet truly and really, while by faith they receive and apply unto themselves Christ crucified, and all the benefits of his death.

Acts 3:21; Matt. 26:26, 28; 1Cor. 11:24-29; 1Cor. 10:16

문 170. 성찬에 합당하게 참여하는 사람들은 어떻게 성찬에서 그리스도의 몸과 피를 먹는가?

답. 그리스도의 몸과 피가 성찬의 떡과 포도주 안에 혹은 그와 함께 또는 그 아래에 육체적으로나 물질적으로 임재하는 것이 아니고,[1] 성찬의 요소들이 수찬자들의 외적 감각에 참되고 실제적으로 인지되는 것과 같이 그리스도의 몸과 피는 수찬자들의 믿음에 영적으로 임재한다.[2] 그러므로 주의 성찬 예식에 합당하게 참여하는 자는 그리스도의 몸과 피를 육체적이나 물질적이 아닌 영적인 방식으로 먹고 마시는 것이며,[3] 이는 십자가에 달리신 그리스도와 그의 죽음이 주는 모든 혜택을 믿음으로 받아 자신들에게 적용함으로 참되고 실제적으로 먹고 마시는 것이다.[4]

1) 행 3:21 2) 마 26:26, 28 3) 고전 11:24-29 4) 고전 10:16

Q 171. How are they that receive the Sacrament of the Lord's Supper to prepare themselves before they come unto it?

A. They that receive the Sacrament of the Lord's Supper, are, before they come, to prepare themselves thereunto, by examining themselves of their being in Christ; of their sins and wants; of the truth and measure of their knowledge, faith, repentance, love to God and the brethren, charity to all men, forgiving those that have done them wrong; of their desires after Christ, and of their new obedience; and by renewing the exercise of these graces, by serious meditation, and fervent prayer.

1Cor. 11:28; 2Cor. 13:5; 1Cor. 5:7; Ex. 12:15; 1Cor. 11:29; 2Cor. 13:5; Matt. 26:28; Zech. 12:10; 1Cor. 11:31; 1Cor. 10:16-17; Acts 2:46-47; 1Cor. 5:8; 1 Cor. 11:18, 20; Matt. 5:23-24; Isa. 55:1; John 7:37; 1Cor. 5:7-8; 1Cor. 11:25-26, 28; Heb. 10:21-22, 24; Ps. 26:6; 1Cor. 11:24-25; 2Chr. 30:18-19; Matt. 26:26

문 171. 성찬 예식을 받는 사람들은 그 앞에 나오기 전에 자신들을 어떻게 준비해야 하는가?

답. 성찬 예식을 받는 사람들은 그 앞에 나오기 전에 자신들이 그리스도 안에 있는가에[2] 대해 성찰하고,[1] 자신들의 죄와 부족함에 대해,[3] 자신들의 지식과[4] 믿음과[5] 회개와[6] 하나님과 형제들을 향한 사랑과[7] 모든 사람에 대한 긍휼함과[8] 자신들에게 잘못한 자들을 용서함에[9] 있어서의 진실성과 그 분량에 대해, 그리고 그리스도를 따르는 자신들의 열망과[10] 자신들의 새로운 순종에 대해[11] 성찰하고, 또한 진지한 묵상과[13] 뜨거운 기도로[14] 이 은혜들의 실천을 새롭게 함으로써[12] 성찬을 준비해야 한다.

1) 고전 11:28 2) 고후 13:5 3) 고전 5:7; 출 12:15 4) 고전 11:29
5) 고후 13:5; 마 26:28 6) 슥 12:10; 고전 11:31
7) 고전 10:16-17; 행 2:46-47 8) 고전 5:8; 고전 11:18, 20
9) 마 5:23-24 10) 사 55:1; 요 7:37 11) 고전 5:7-8
12) 고전 11:25-26, 28; 히 10:21-22, 24; 시 26:6 13) 고전 11:24-25
14) 대하 30:18-19; 마 26:26

Q 172. May one who doubteth of his being in Christ, or of his due preparation, come to the Lord's Supper?

A. One who doubteth of his being in Christ, or of his due preparation to the Sacrament of the Lord's Supper, may have true interest in Christ, though he be not yet assured thereof; and in God's account hath it, if he be duly affected with the apprehension of the want of it, and unfeignedly desires to be found in Christ, and to depart from iniquity: in which case (because promises are made, and this Sacrament is appointed, for the relief even of weak and doubting Christians) he is to bewail his unbelief, and labor to have his doubts resolved; and, so doing, he may and ought to come to the Lord's Supper, that he may be further strengthened.

Isa. 50:10; 1 John 5:13; Ps. 88:1-18; Ps. 77:1-12; Jonah 2:4, 7;

Isa. 54:7-10; Matt. 5:3-4; Ps. 31:22; Ps. 73:13, 22-23; Phil. 3:8-9; Ps. 10:17;

Ps. 42:1-2, 5, 11; 2Tim. 2:19; Isa. 1:10; Ps. 66:18-20; Isa. 40:11, 29, 31;

Matt. 11:28; Matt. 12:20; Matt. 26:28; Mark 9:24; Acts 2:37; Acts 16:30;

Rom. 4:11; 1 Cor. 11:28

Q 173. May any who profess the faith, and desire to come to the Lord's Supper, be kept from it?

A. Such as are found to be ignorant or scandalous, notwithstanding their profession of the faith, and desire to come to the Lord's Supper, may and ought to be kept from that Sacrament, by the power which Christ hath left in his Church, until they receive instruction, and manifest their reformation.

1Cor. 11:27-34; Matt. 7:6; 1Cor. 5:1-13; Jude 1:23; 1Tim. 5:22; 2 Cor. 2:7

문 172. 자신이 그리스도 안에 있는지, 또는 성찬을 받을 합당한 준비가 되어 있는지를 의심하는 사람도 성찬에 참여할 수 있는가?

답. 자신이 그리스도 안에 있는지 또는 성찬 예식에 합당한 준비가 되어 있는지를 의심하는 사람도 비록 그에 대한 확신은 아직 없더라도 그리스도에 대한 참된 관심을 가질 수 있으며,[1] 이런 관심이 부족함에 대한 걱정으로 정당하게 영향을 받고[2] 그리스도 안에서 발견되고[3] 죄악으로부터 떠나기를 진실되게 바라는 사람은[4] 하나님 보시기에 성찬을 받기에 합당한 자이다. 이런 경우에는, (연약하고 의심하는 그리스도인들을 위해서도 약속이 주어지고 이 성례가 제정되었기에[5]) 그는 자신의 믿음 없음을 애통해 하며[6] 의심의 해결을 위해 노력해야 하며[7] 그렇게 함으로 그는 성찬에 참여할 수 있고 참여해야 하며 이를 통해 그는 더 강건하게 된다.[8]

1) 사 50:10; 요일 5:13; 시 88:1–18; 시 77:1–12; 욘 2:4, 7
2) 사 54:7–10; 마 5:3–4; 시 31:22; 시 73:13, 22–23
3) 빌 3:8–9; 시 10:17; 시 42:1–2, 5, 11
4) 딤후 2:19; 사 1:10; 시 66:18–20
5) 사 40:11, 29, 31; 마 11:28; 마 12:20; 마 26:28   6) 막 9:24
7) 행 2:37; 행 16:30   8) 롬 4:11; 고전 11:28

문 173. 믿음을 고백하고 성찬에 참여하기를 바라는 사람에게 성찬을 금할 수 있는가?

답. 믿음을 고백하고 성찬에 참여하기를 바라는 자라 하더라도 성찬에 대해 무지하거나 수치스러운 일이 있을 경우에는 그리스도가 그의 교회에 위임한 권세에 따라[1] 그들이 가르침을 받고 교정되었음이 명백해질 때까지[2] 그들에게는 성찬을 금할 수 있고 금해야 한다.

1) 고전 11:27–34; 마 7:6; 고전 5:1–13; 유 1:23; 딤전 5:22   2) 고후 2:7

Q 174. What is required of them that receive the Sacrament of the Lord's Supper in the time of the administration of it?

A. It is required of them that receive the Sacrament of the Lord's Supper, that, during the time of the administration of it, with all holy reverence and attention they wait upon God in that ordinance, diligently observe the sacramental elements and actions, heedfully discern the Lord's body, and affectionately meditate on his death and sufferings, and thereby stir up themselves to a vigorous exercise of their graces; in judging themselves and sorrowing for sin; in earnest hungering and thirsting after Christ, feeding on him by faith, receiving of his fulness, trusting in his merits, rejoicing in his love, giving thanks for his grace; in renewing of their covenant with God, and love to all the saints.

Lev. 10:3; Heb. 12:28; Ps. 5:7; 1Cor. 11:17, 26-27; Ex. 24:8; Matt. 26:28; 1Cor. 11:29; Luke 22:19; 1Cor. 11:26; 1Cor. 10:3-5, 11, 14; 1Cor. 11:31; Zech. 12:10; Rev. 22:17; John 6:35; John 1:16; Phil. 3:9; Ps. 63:4-5; 2Chr. 30:21; Ps. 22:26; Jer. 50:5; Ps. 50:5; Acts 2:42

문 174. 성찬식이 진행되는 동안 성찬을 받는 사람에게 요구되는 것은 무엇인가?

답. 성찬식이 진행되는 동안 성찬을 받는 사람에게 요구되는 것은, 모든 거룩한 경외심과 주의함으로 그 규례를 따라 하나님을 앙망하고[1] 성례의 요소들과 행위들을 부지런히 살피고[2] 주님의 몸을 주의 깊게 분별하고[3] 주의 죽으심과 고난을 애정을 가지고 묵상하는 것인데,[4] 이로써 그들이 받은 은혜의 역사가 강하게 일어나도록 자신들을 일깨우며[5] 자신들을 판단하고[6] 죄를 슬퍼하고[7] 간절한 마음으로 그리스도에 주리고 목말라 하며[8] 믿음으로 그리스도를 먹으며[9] 그의 충만함을 받으며[10] 그의 공로를 신뢰하고[11] 그의 사랑 안에서 기뻐하며[12] 그의 은혜에 감사하며[13] 하나님과 맺은 그들의 언약과[14] 모든 성도들에 대한 사랑을 새롭게 하는 것이다.[15]

1) 레 10:3; 히 12:28; 시 5:7; 고전 11:17, 26–27   2) 출 24:8; 마 26:28
3) 고전 11:29   4) 눅 22:19   5) 고전 11:26; 고전 10:3–5, 11, 14
6) 고전 11:31   7) 슥 12:10   8) 계 22:17   9) 요 6:35   10) 요 1:16
11) 빌 3:9   12) 시 63:4–5; 대하 30:21   13) 시 22:26
14) 렘 50:5; 시 50:5   15) 행 2:42

Q 175. What is the duty of Christians, after they have received the Sacrament of the Lord's Supper?

A. The duty of Christians, after they have received the Sacrament of the Lord's Supper, is seriously to consider how they have behaved themselves therein, and with what success; if they find quickening and comfort, to bless God for it, beg the continuance of it, watch against relapses, fulfill their vows, and encourage themselves to a frequent attendance on that ordinance: but if they find no present benefit, more exactly to review their preparation to, and carriage at, the Sacrament; in both which, if they can approve themselves to God and their own consciences, they are to wait for the fruit of it in due time: but, if they see that they have failed in either, they are to be humbled, and to attend upon it afterward with more care and diligence.

Ps. 28:7; Ps. 85:8; 1Cor. 11:17, 30-31; 2Chr. 30:21-23, 25-26;

Acts 2:42, 46-47; Ps. 36:10; Song of Songs 3:4; 1Chr. 29:18;

1Cor. 10:3-5, 12; Ps. 50:14; 1Cor. 11:25-26; Acts 2:42, 46;

Song of Songs 5:1-6; Ecc. 5:1-6; Ps. 123:1-2; Ps. 42:5, 8; Ps. 43:3-5;

2Chr. 30:18-19; Isa. 1:16, 18; 2Cor. 7:11; 1Chr. 15:12-14

문 175. 성찬 예식을 받은 후에 그리스도인들이 해야 할 의무는 무엇인가?

답. 성찬 예식을 받은 후에 그리스도인들이 해야 할 의무는, 그들이 성찬을 받을 때 어떻게 행동하였으며 어떤 성과가 있었는지 진지하게 생각할 것과,[1] 만일 소생함과 위로를 받았다면 그로 인해 하나님을 찬양하며[2] 그런 은혜를 지속해서 주실 것을 간구하며[3] 퇴보하지 않도록 조심하며[4] 맹세한 것을 실행하며[5] 이 성례에 자주 참여하도록 자신들을 격려할 것과,[6] 그러나 성찬을 받을 때 바로 어떤 혜택도 없었다면 이 성례에 임하는 자신의 준비와 태도를 더욱 철저히 점검해야 하며,[7] 준비와 태도가 하나님과 자신의 양심에 비추어 인정받을 만하다면 때가 되면 맺혀질 성찬의 열매를 기다릴 것과,[8] 이 두 가지 중 어느 하나라도 실패한 것이 보이면 스스로 겸비하여서[9] 더 많은 주의와 부지런함으로 이후의 성찬에 임할 것 등이다.[10]

1) 시 28:7; 시 85:8; 고전 11:17, 30–31
2) 대하 30:21–23, 25–26; 행 2:42, 46–47
3) 시 36:10; 아 3:4; 대상 29:18   4) 고전 10:3–5, 12   5) 시 50:14
6) 고전 11:25–26; 행 2:42, 46   7) 아 5:1–6; 전 5:1–6
8) 시 123:1–2; 시 42:5, 8; 시 43:3–5   9) 대하 30:18–19; 사 1:16, 18
10) 고후 7:11; 대상 15:12–14

Q 176. Wherein do the Sacraments of Baptism and the Lord's Supper agree?

A. The Sacraments of Baptism and the Lord's Supper agree, in that the author of both is God; the spiritual part of both is Christ and his benefits; both are seals of the same covenant, are to be dispensed by ministers of the gospel and by none other; and to be continued in the Church of Christ until his second coming.

Matt. 28:19; 1Cor. 11:23; Rom. 6:3-4; 1Cor. 10:16; Rom. 4:11; Col. 2:12; Matt. 26:27-28; John 1:33; Matt. 28:19; 1Cor. 11:23; 1Cor. 4:1; Heb. 5:4; Matt. 28:19-20; 1Cor. 11:26

Q 177. Wherein do the Sacraments of Baptism and the Lord's Supper differ?

A. The Sacraments of Baptism and the Lord's Supper differ, in that Baptism is to be administered but once, with water, to be a sign and seal of our regeneration and ingrafting into Christ, and that even to infants; whereas the Lord's Supper is to be administered often, in the elements of bread and wine, to represent and exhibit Christ as spiritual nourishment to the soul, and to confirm our continuance and growth in him, and that only to such as are of years and ability to examine themselves.

Matt. 3:11; Titus 3:5; Gal. 3:27; Gen. 17:7, 9; Acts 2:38-39; 1Cor. 7:14; 1Cor. 11:23-26; 1Cor. 10:16; 1Cor. 11:28-29

문 176. 세례와 성찬은 어떤 점에서 일치하는가?

답. 세례와 성찬이 일치하는 점은, 두 성례 모두 하나님이 제정하신 것
이라는 것과[1] 두 성례 모두의 영적인 면은 그리스도와 그가 주는
혜택이라는 것과,[2] 둘 다 동일한 언약을 봉인하는 것이고,[3] 오직
복음 사역자들 만이 시행할 수 있으며,[4] 그리스도가 다시 오실 때
까지 그의 교회에서 지속되어야 한다는 것이다.[5]

1) 마 28:19; 고전 11:23 2) 롬 6:3-4; 고전 10:16
3) 롬 4:11; 골 2:12; 마 26:27-28
4) 요 1:33; 마 28:19; 고전 11:23; 고전 4:1; 히 5:4
5) 마 28:19-20; 고전 11:26

문 177. 세례와 성찬은 어떤 점에서 다른가?

답. 세례와 성찬의 다른 점은, 세례는 우리의 중생과 그리스도에게 접
붙임 됨을 표시하는 봉인으로[1] 물을 가지고 단 한 번 시행하는 것
으로 어린 아이들도 받을 수 있으나,[2] 반면에 성찬은 우리 영혼을
위한 영적인 양식이 되시는 그리스도를 상징하고 나타내기 위해
떡과 포도주를 사용하여 자주 시행하는데[3] 이를 통해 우리가 주
안에 계속 거하며 자라고 있음을 확인하는 것으로[4] 자신을 살펴볼
수 있는 나이와 능력에 이른 자들에게만 시행한다.[5]

1) 마 3:11; 딛 3:5; 갈 3:27 2) 창 17:7, 9; 행 2:38-39; 고전 7:14
3) 고전 11:23-26 4) 고전 10:16 5) 고전 11:28-29

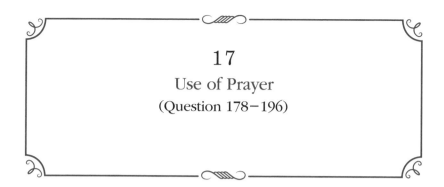

17
Use of Prayer
(Question 178−196)

Q 178. What is prayer?

A. Prayer is an offering up of our desires unto God, in the name of Christ, by the help of his Spirit; with confession of our sins, and thankful acknowledgment of his mercies.

Ps. 62:8; John 16:23; Rom. 8:26; Ps. 32:5-6; Dan. 9:4; Phil. 4:6

Q 179. Are we to pray unto God only?

A. God only being able to search the hearts, hear the requests, pardon the sins, and fulfill the desires of all; and only to be believed in, and worshiped with religious worship; prayer, which is a special part thereof, is to be made by all to him alone, and to none other.

1Kings 8:39; Acts 1:24; Rom. 8:27; Ps. 65:2; Mic. 7:18; Ps. 145:18-19; Rom. 10:14; Matt. 4:10; 1Cor. 1:2; Ps. 50:15; Rom. 10:14

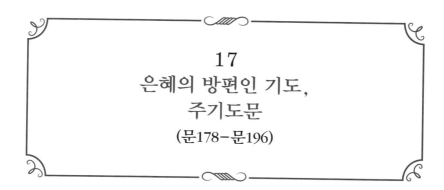

17
은혜의 방편인 기도,
주기도문
(문178-문196)

문 178. 기도는 무엇인가?

답. 기도는 우리의 바라는 바를 그리스도의 이름으로[2] 그의 성령의 도
우심을 받아[3] 하나님께 올려드리는 것인데,[1] 우리의 죄에 대한 고
백과 더불어[4] 그의 자비하심에 대해 감사히 인정하며[5] 하는 것이다.

1) 시 62:8 2) 요 16:23 3) 롬 8:26 4) 시 32:5-6; 단 9:4 5) 빌 4:6

문 179. 우리는 하나님께만 기도해야 하는가?

답. 하나님만이 마음을 감찰하시고[1] 요청을 들으시고[2] 죄를 사하시며[3]
우리 모두의 소원을 이루실 수 있으며,[4] 오직 그분만이 우리의 신
앙과[5] 종교적 예배의 대상이시므로,[6] 예배의 특별한 부분인 기도는[7]
모든 사람이 하나님 한 분에게만 드려야 하며[8] 다른 누구에게도 해
서는 안된다.[9]

1) 왕상 8:39; 행 1:24; 롬 8:27 2) 시 65:2 3) 미 7:18 4) 시 145:18-19
5) 롬 10:14 6) 마 4:10 7) 고전 1:2 8) 시 50:15 9) 롬 10:14

Q 180. What is it to pray in the name of Christ?

A. To pray in the name of Christ is, in obedience to his command, and in confidence on his promises, to ask mercy for his sake; not by bare mentioning of his name, but by drawing our encouragement to pray, and our boldness, strength, and hope of acceptance in prayer, from Christ and his mediation.

John 14:13-14; John 16:24; Dan. 9:17; Matt. 7:21; Heb. 4:14-16;
1John 5:13-15

Q 181. Why are we to pray in the name of Christ?

A. The sinfulness of man, and his distance from God by reason thereof, being so great, as that we can have no access into his presence without a mediator; and there being none in heaven or earth appointed to, or fit for, that glorious work but Christ alone, we are to pray in no other name but his only.

John 14:6; Isa. 59:2; Eph. 3:12; John 6:27; Heb. 7:25-27; 1Tim. 2:5;
Col. 3:17; Heb. 13:15

문 180. 그리스도의 이름으로 기도한다는 것은 무엇인가?

답. 그리스도의 이름으로 기도한다는 것은, 그의 명령에 순종하며 그의 약속에 대한 확신을 가지고 그를 의지하여 자비를 구하는 것이며,[1] 이는 단순히 그리스도의 이름을 언급함으로 되는 것이 아니라[2] 그리스도와 그의 중보로부터 우리가 기도할 수 있는 용기와 담대함과 힘 그리고 우리의 기도가 열납될 것이라는 소망을 이끌어 냄으로 되는 것이다.[3]

1) 요 14:13-14; 요 16:24; 단 9:17   2) 마 7:21
3) 히 4:14-16; 요일 5:13-15

문 181. 우리는 왜 그리스도의 이름으로 기도해야 하는가?

답. 사람의 죄악성과 그로 말미암은 하나님과의 멀어진 거리가 매우 크기 때문에 우리는 중보자가 없이는 하나님의 임재 앞에 나아갈 수 없고,[1] 하늘이나 땅에서 이 영광스러운 사역을 위해서 임명되거나 적합한 존재가 그리스도 한 분 말고는 없기에[2] 우리는 다른 이름이 아닌 오직 그리스도의 이름으로만 기도해야 한다.[3]

1) 요 14:6; 사 59:2; 엡 3:12   2) 요 6:27; 히 7:25-27; 딤전 2:5
3) 골 3:17; 히 13:15

Q 182. How doth the Spirit help us to pray?

A. We not knowing what to pray for as we ought, the Spirit helpeth our infirmities, by enabling us to understand both for whom, and what, and how prayer is to be made; and by working and quickening in our hearts (although not in all persons, nor at all times, in the same measure) those apprehensions, affections, and graces, which are requisite for the right performance of that duty.

Rom. 8:26-27; Ps. 10:17; Zech. 12:10

Q 183. For whom are we to pray?

A. We are to pray for the whole church of Christ upon earth; for magistrates and ministers; for ourselves, our brethren, yea, our enemies; and for all sorts of men living, or that shall live hereafter; but not for the dead, nor for those that are known to have sinned the sin unto death.

Eph. 6:18; Ps. 28:9; 1Tim. 2:1-2; Col. 4:3; Gen. 32:11; Jas. 5:16; Matt. 5:44; 1Tim. 2:1-2; John 17:20; 2Sam. 7:29; 2Sam. 12:21-23; 1John 5:16

Q 184. For what things are we to pray?

A. We are to pray for all things tending to the glory of God, the welfare of the church, our own or others' good; but not for any thing that is unlawful.

Matt. 6:9; Ps. 51:18; Ps. 122:6; Matt. 7:11; Ps. 125:4; 1John 5:14

문 182. 성령께서는 어떻게 우리의 기도를 도우시는가?

답. 우리가 마땅히 기도할 바를 알지 못할 때 성령께서는 누구를 위해 무엇을 어떻게 기도해야 하는지를 우리에게 깨닫게 하심으로, 또 우리가 기도의 의무를 올바로 행하는 데 필요한 이해와 열정과 은혜를 우리 마음 안에서 작동하고 되살아나게 (비록 모든 사람에게 항상 같은 분량은 아닐지라도) 하심으로 우리의 연약함을 도우신다.

롬 8:26-27; 시 10:17; 슥 12:10

문 183. 우리는 누구를 위하여 기도할 것인가?

답. 우리는 지상에 있는 그리스도의 모든 교회와[1] 위정자들과[2] 사역자들과[3] 우리 자신과[4] 우리의 형제들뿐 아니라[5] 우리의 원수들을 위해서도[6] 기도해야 하며 또한 살아있는[7] 그리고 장차 살아 갈 모든 부류의 사람들을 위해[8] 기도해야 하는데, 죽은 사람들이나[9] 죽음에 이르는 죄를 지은 것으로 알려진 사람들을 위해서는 기도하지 않는다.[10]

1) 엡 6:18; 시 28:9   2) 딤전 2:1-2   3) 골 4:3   4) 창 32:11   5) 약 5:16
6) 마 5:44   7) 딤전 2:1-2   8) 요 17:20; 삼하 7:29   9) 삼하 12:21-23
10) 요일 5:16

문 184. 우리는 무엇을 위해서 기도해야 하는가?

답. 우리는 하나님의 영광에 이바지하는 모든 것과[1] 교회의 안녕과[2] 우리 자신과[3] 다른 사람들의 유익을 위해서[4] 기도해야 하며, 무엇이든지 불법적인 것을 위해서는 기도하면 안된다.[5]

1) 마 6:9   2) 시 51:18; 시 122:6   3) 마 7:11   4) 시 125:4   5) 요일 5:14

Q 185. How are we to pray?

A. We are to pray with an awful apprehension of the majesty of God, and deep sense of our unworthiness, necessities, and sins; with penitent, thankful, and enlarged hearts; with understanding, faith, sincerity, fervency, love, and perseverance, waiting upon him, with humble submission to his will.

Ecc. 5:1; Gen. 18:27: Gen. 32:10; Luke 15:17-19; Luke 18:13-14; Ps. 51:17; Phil. 4:6; 1Sam. 1:15; 1Sam. 2:1; 1Cor. 14:15; Mark 11:24; Jas. 1:6; Ps. 145:18; Ps. 17:1; Jas. 5:16; 1Tim. 2:8; Eph. 6:18; Mic. 7:7; Matt. 26:39

Q 186. What rule hath God given for our direction in the duty of prayer?

A. The whole Word of God is of use to direct us in the duty of prayer; but the special rule of direction is that form of prayer which our Saviour Christ taught his disciples, commonly called, The Lord's Prayer.

1John 5:14; Matt. 6:9-13; Luke 11:2-4

Q 187. How is the Lord's Prayer to be used?

A. The Lord's Prayer is not only for direction, as a pattern, according to which we are to make other prayers; but may also be used as a prayer, so that it be done with understanding, faith, reverence, and other graces necessary to the right performance of the duty of prayer.

Matt. 6:9; Luke 11:2

문 185. 우리는 어떻게 기도해야 하는가?

답. 우리는 하나님의 장엄하심을 경외하는 마음으로 이해하면서[1] 우리의 무가치함과[2] 궁핍함과[3] 죄에 대해[4] 깊이 자각하면서 기도해야 하며, 통회하며[5] 감사하며[6] 넓게 열린 마음으로[7] 기도해야 하며, 이해와[8] 믿음,[9] 신실함,[10] 열정,[11] 사랑,[12] 인내를[13] 가지고, 그를 섬기며[14] 겸손히 하나님의 뜻에 복종하며[15] 기도해야 한다.

1) 전 5:1 2) 창 18:27; 창 32:10 3) 눅 15:17-19 4) 눅 18:13-14
5) 시 51:17 6) 빌 4:6 7) 삼상 1:15; 삼상 2:1 8) 고전 14:15
9) 막 11:24; 약 1:6 10) 시 145:18; 시 17:1 11) 약 5:16 12) 딤전 2:8
13) 엡 6:18 14) 미 7:7 15) 마 26:39

문 186. 하나님께서 기도의 의무에 관해 우리가 따를 지침으로 어떤 법칙을 주셨는가?

답. 하나님의 모든 말씀이 기도 의무에 있어 우리를 지도하는 데 유용하지만,[1] 특별한 지도법칙은 우리 구주 그리스도께서 그의 제자들에게 가르쳐 주신 일반적으로 주기도문이라 부르는 기도 양식이다.[2]

1) 요일 5:14 2) 마 6:9-13; 눅 11:2-4

문 187. 주기도문은 어떻게 사용해야 하는가?

답. 주기도문은 우리가 다른 기도를 할 때 본받을 모범으로 주신 지침일 뿐 아니라, 그 자체를 기도로 사용할 수 있으며, 그럴 경우에는 이 기도를 이해하고 믿음과 경외심과 기도의 의무를 올바로 행하기 위해 필요한 다른 은혜들을 가지고 기도해야 한다.

마 6:9; 눅 11:2

Q. 188. Of how many parts doth the Lord's prayer consist?

A. The Lord's prayer consists of three parts; a preface, petitions, and a conclusion.

Q 189. What doth the preface of the Lord's prayer teach us?

A. The preface of the Lord's prayer (contained in these words, Our Father which art in heaven,) teacheth us, when we pray, to draw near to God with confidence of his fatherly goodness, and our interest therein; with reverence, and all other child-like dispositions, heavenly affections, and due apprehensions of his sovereign power, majesty, and gracious condescension: as also, to pray with and for others.

Matt. 6:9; Luke 11:13; Rom. 8:15; Isa. 64:9; Ps. 123:1; Lam. 3:41; Isa. 63:15-16; Neh. 1:4-6; Acts 12:5

문 188. 주기도문은 몇 부분으로 이루어져 있는가?

답. 주기도문은 세 부분, 즉 머리말과 간구들 그리고 결론으로 이루어져 있다.

문 189. 주기도문의 머리말은 우리에게 무엇을 가르치는가?

답. 주기도문의 머리말("하늘에 계신 우리 아버지여"라는[1] 구절)이 우리에게 가르치는 것은 우리가 기도할 때 하나님의 부성적 선하심과 그 안에 있는 우리의 권익에 대한 확신을 가지고 하나님께 가까이 나아갈 것과,[2] 이 때에 경외심과 자녀로서 다른 모든 성향을 가지고[3] 또한 천국을 향한 사랑과[4] 하나님의 주권적 권세와 장엄함과 은혜로운 낮아지심에 대한 올바른 이해를 가져야 할 것과,[5] 다른 사람들과 함께 기도하고 또한 그들을 위해서도 기도해야 한다는 것이다.[6]

1) 마 6:9   2) 눅 11:13; 롬 8:15   3) 사 64:9   4) 시 123:1; 애 3:41
5) 사 63:15–16; 느 1:4–6   6) 행 12:5

Q 190. What do we pray for in the first petition?

A. In the first petition (which is, Hallowed be thy name,) acknowledging the utter inability and indisposition that is in ourselves and all men to honor God aright, we pray, that God would by his grace enable and include us and others to know, to acknowledge, and highly to esteem him, his titles, attributes, ordinances, word, works, and whatsoever he is pleased to make himself known by; and to glorify him in thought, word, and deed: that he would prevent and remove atheism, ignorance, idolatry, profaneness, and whatsoever is dishonorable to him; and by his overruling providence, direct and dispose of all things to his own glory.

Matt. 6:9; 2Cor. 3:5; Ps. 51:15; Ps. 67:2-3; Ps. 83:18; Ps. 86:10-13, 15;

2Thess. 3:1; Ps. 147:19-20; Ps. 138:1-3; 2Cor. 2:14-15; Ps. 145:1-21;

Ps. 8; Ps. 103:1; Ps. 19:14; Phil. 1:9, 11; Ps. 67:1-4; Eph. 1:17-18; Ps. 97:7;

Ps. 74:18, 22-23; 2kings 19:15-16; 2Chr. 20:6, 10-12; Ps. 83:1-18;

Ps. 140:4-8

문 190. 첫째 간구에서 우리는 무엇을 위해 기도하는가?

답. 첫째 간구("이름이 거룩히 여김을 받으시오며"[1])에서 하나님을 올바로 공경할 수 없는 전적인 무능과 부적합함이 우리 자신과 모든 사람들에게 있다는 것을 인정하면서,[2] 우리는 하나님께서 그의 은혜로 우리와 다른 사람들에게 능력을 주셔서 하나님과 그의 칭호와[4] 속성과[5] 규례와 말씀과[6] 하시는 일과 하나님이 자신을 알리시기를 기뻐하시는 모든 일들에 대해[7] 우리가 깨닫고 인정하고 높이 공경할 수 있게 하실 것을[3] 기도한다. 그리고 우리가 생각과 말과[8] 행동으로[9] 하나님을 영화롭게 하기를 기도하며, 하나님께서 무신론과[10] 무지함과[11] 우상숭배와[12] 신성모독과[13] 그 외에 하나님께 불경스러운 모든 것들을[14] 막아주시고 제거해주실 것을 기도하며, 모든 것을 다스리시는 그의 섭리로 자신의 영광을 위하여 모든 것들을 명령하시고 처리하시기를 기도한다.[15]

1) 마 6:9   2) 고후 3:5; 시 51:15   3) 시 67:2–3   4) 시 83:18
5) 시 86:10–13, 15
6) 살후 3:1; 시 147:19–20; 시 138:1–3; 고후 2:14–15
7) 시 145:1–21; 시 8   8) 시 103:1; 시 19:14   9) 빌 1:9, 11
10) 시 67:1–4   11) 엡 1:17–18   12) 시 97:7   13) 시 74:18, 22–23
14) 왕하 19:15–16   15) 대하 20:6, 10–12; 시 83:1–18; 시 140:4–8

Q 191. What do we pray for in the second petition?

A. In the second petition, (which is, Thy Kingdom come,) acknowledging ourselves and all mankind to be by nature under the dominion of sin and Satan, we pray that the kingdom of sin and Satan may be destroyed, the gospel propagated throughout the world, the Jews called, the fulness of the Gentiles brought in; the church furnished with all gospel officers and ordinances, purged from corruption, countenanced and maintained by the civil magistrates; that the ordinances of Christ may be purely dispensed, and made effectual to the converting of those that are yet in their sins, and the confirming, comforting, and building up those that are already converted: that Christ would rule in our hearts here, and hasten the time of his second coming, and our reigning with him for ever: and that he would be pleased so to exercise the kingdom of his power in all the world, as may best conduce to these ends.

Matt. 6:10; Eph. 2:2-3; Ps. 68:1, 18; Rev. 12:10-11; 2Thess. 3:1; Rom. 10:1;

John 17:9, 20; Rom. 11:25-26; Ps. 67:1-7; Matt. 9:38; 2Thess. 3:1;

Mal. 1:11; Zeph. 3:9; 1Tim. 2:1-2; Acts 4:29-30; Eph. 6:18-20;

Rom. 15:29-30, 32; 2Thess. 1:11; 2Thess. 2:16-17; Eph. 3:14-20;

Rev. 22:20; Isa. 64:1-2; Rev. 4:8-11

문 191. 둘째 간구에서 우리는 무엇을 위해 기도하는가?

답. 둘째 간구("나라가 임하시오며"[1])에서 우리 자신과 모든 인류가 본질
상 죄와 사탄의 지배 아래 있음을 인정하면서[2] 우리는 죄와 사탄
의 나라가 파멸되고[3] 복음이 온 세계로 전파되며[4] 유대인들이 부
르심을 받고[5] 이방인의 충만한 수가 들어오기를[6] 기도하며, 교회
가 모든 복음의 일꾼들과 규례들을 갖추고[7] 부패로부터 정화되고[8]
세상 정부로부터 인정과 지지를 받기를[9] 기도하며, 그리스도의 규
례가 순수하게 시행되어 아직도 죄 가운데 있는 자들을 회심하게
하며 이미 회심한 자들에게는 확신을 주며 위로하며 함양하는 데
효과적이기를 기도하며,[10] 그리스도가 이 세상에서 우리의 마음을
다스리시기를[11] 그리고 그가 재림하셔서 우리가 그와 함께 영원히
통치할 날이 속히 오기를 기도하며,[12] 또한 그리스도께서 이런 목
적들을 이루기 위한 가장 좋은 방향으로 온 세상에서 그의 권능의
나라를 실행하기를 기뻐하시기를 기도한다.[13]

1) 마 6:10 2) 엡 2:2–3 3) 시 68:1, 18; 계 12:10–11 4) 살후 3:1
5) 롬 10:1 6) 요 17:9, 20; 롬 11:25–26; 시 67:1–7
7) 마 9:38; 살후 3:1 8) 말 1:11; 습 3:9 9) 딤전 2:1–2
10) 행 4:29–30; 엡 6:18–20; 롬15:29–30, 32; 살후 1:11; 살후 2:16–17
11) 엡 3:14–20 12) 계 22:20 13) 사 64:1–2; 계 4:8–11

Q 192. What do we pray for in the third petition?

A. In the third petition, (which is, Thy will be done in earth, as it is in heaven,) acknowledging that by nature we and all men are not only utterly unable and unwilling to know and do the will of God, but prone to rebel against his word, to repine and murmur against his providence, and wholly inclined to do the will of the flesh, and of the devil: we pray, that God would by his Spirit take away from ourselves and others all blindness, weakness, indisposedness, and perverseness of heart; and by his grace make us able and willing to know, do, and submit to his will in all things, with the like humility, cheerfulness, faithfulness, diligence, zeal, sincerity, and constancy, as the angels do in heaven.

Matt. 6:10; Rom. 7:18; Job 21:14; 1Cor. 2:14; Rom. 8:7; Ex. 17:7;

Num. 14:2; Eph. 2:2; Eph. 1:17-18; Eph. 3:16; Matt. 26:40-41;

Jer. 31:18-19; Ps. 119:1, 8, 35-36; Acts 21:14; Mic. 6:8; Ps. 100:2; Job 1:21;

2Sam. 15:25-26; Isa. 38:3; Ps. 119:4-5; Rom. 12:11; Ps. 119:80;

Ps. 119:112; Isa. 6:2-3; Ps. 103:20-21; Matt. 18:10

문 192. 셋째 간구에서 우리는 무엇을 위해 기도하는가?

답. 셋째 간구("뜻이 하늘에서 이루어진 것 같이 땅에서도 이루어지이다."[1])에 서는 우리와 모든 사람들이 본질상 하나님의 뜻을 알고 행하는데 철저하게 무능하며 원하지도 않을 뿐 아니라[2] 하나님의 말씀에 대 항하여 반역하며[3] 그의 섭리에 대항하여 불평하고 투덜거리는 경 향이 있으며[4] 육신과 마귀의 뜻을 행하기로 온전히 마음이 쏠린다 는 것을 인정하면서,[5] 우리는 하나님께서 그의 성령으로 우리 자신 들과 다른 사람들의 모든 우매함과[6] 연약함과[7] 의욕상실과[8] 마음 의 사악함을[9] 제거해 주시기를 기도하며, 그리고 그의 은혜로 모 든 일에 있어 천사가 하늘에서 그러하듯이[18] 겸손과[11] 기쁨과[12] 신 실함과[13] 부지런함과[14] 열정과[15] 성실함과[16] 한결같음으로[17] 우리 가 하나님의 뜻을 능히 또 기꺼이 알고 행하며 복종할 수 있게 해 주시기를 기도한다.[10]

1) 마 6:10 2) 롬 7:18; 욥 21:14; 고전 2:14 3) 롬 8:7
4) 출 17:7; 민 14:2 5) 엡 2:2 6) 엡 1:17–18 7) 엡 3:16
8) 마 26:40–41 9) 렘 31:18–19 10) 시 119:1, 8, 35–36; 행 21:14
11) 미 6:8 12) 시 100:2; 욥 1:21; 삼하 15:25–26 13) 사 38:3
14) 시 119:4–5 15) 롬 12:11; 16) 시 119:80 17) 시 119:112
18) 사 6:2–3; 시 103:20–21; 마 18:10

Q 193. What do we pray for in the fourth petition?

A. In the fourth petition, (which is, Give us this day our daily bread,) acknowledging, that in Adam, and by our own sin, we have forfeited our right to all the outward blessings of this life, and deserve to be wholly deprived of them by God, and to have them cursed to us in the use of them; and that neither they of themselves are able to sustain us, nor we to merit, or by our own industry to procure them; but prone to desire, get, and use them unlawfully: we pray for ourselves and others, that both they and we, waiting upon the providence of God from day to day in the use of lawful means, may of his free gift, and as to his fatherly wisdom shall seem best, enjoy a competent portion of them, and have the same continued and blessed unto us in our holy and comfortable use of them, and contentment in them; and be kept from all things that are contrary to our temporal support and comfort.

Matt. 6:11; Gen. 2:17; Gen. 3:17; Rom. 8:20-22; Jer. 5:25; Deut. 28:15-68; Deut. 8:3; Gen. 32:10; Deut. 8:17-18; Jer. 6:13; Mark 7:21-22; Hos. 12:7; Jas. 4:3; Gen. 43:12-14; Gen. 28:20; Eph. 4:28; 2Thess. 3:11-12; Phil. 4:6; 1Tim. 4:3-5; 1Tim. 6:6-8; Prov. 30:8-9

문 193. 넷째 간구에서 우리는 무엇을 위해 기도하는가?

답. 넷째 간구("오늘 우리에게 일용할 양식을 주시옵고"[1])에서 우리는 아담 안에서 그리고 우리 자신들의 죄로 말미암아 이 생에서 모든 외형적인 복을 누릴 권리를 상실했고 하나님에 의해 이 모든 복을 완전히 빼앗긴 것이 마땅하고 우리가 그 복들을 사용할 때 오히려 그 복들이 우리에게 저주가 되는 것이 당연하다고 시인하며,[2] 그 복들 자체가 우리를 지탱할 수 없고[3] 우리가 그것들을 받을 자격도 없으며[4] 우리가 노력한다고 얻을 수 있는 것도 아니며[5] 다만 우리는 그 복들을 부당하게 바라고[6] 얻고[7] 사용하려는[8] 경향이 있음을 인정하면서, 우리는 우리 자신과 다른 사람들을 위해 기도하기를, 그들과 우리가 모두 합법적인 수단을 사용하여 날마다 하나님의 섭리를 기다리며 하나님이 거저 주시는 선물은 하나님의 부성적인 지혜로 볼 때 최선의 것이므로 그 적당한 분량의 선물들을 받아 누릴 것을 기도하며[9] 그 선물들을 거룩하고 편안하게 사용하여[10] 그 안에서 만족하므로[11] 그것들이 우리에게 지속적으로 복이 되기를, 그리고 우리의 생계와 평안에 반하는 모든 것으로부터 우리를 지켜 주시기를 기도한다.[12]

1) 마 6:11 2) 창 2:17; 창 3:17; 롬 8:20–22; 렘 5:25; 신 28:15–68
3) 신 8:3 4) 창 32:10 5) 신 8:17–18 6) 렘 6:13; 막 7:21–22
7) 호 12:7 8) 약 4:3
9) 창 43:12–14; 창 28:20; 엡 4:28; 살후 3:11–12; 빌 4:6
10) 딤전 4:3–5 11) 딤전 6:6–8 12) 잠 30:8–9

Q 194. What do we pray for in the fifth petition?

A. In the fifth petition, (which is, Forgive us our debts, as we forgive our debtors,) acknowledging, that we and all others are guilty both of original and actual sin, and thereby become debtors to the justice of God; and that neither we, nor any other creature, can make the least satisfaction of that debt: we pray for ourselves and others, that God of his free grace would, through the obedience and satisfaction of Christ, apprehended and applied by faith, acquit us both from the guilt and punishment of sin, accept us in his Beloved, continue his favour and grace to us, pardon our daily failings, and fill us with peace and joy, in giving us daily more and more assurance of forgiveness; which we are the rather emboldened to ask, and encouraged to expect, when we have this testimony in ourselves, that we from the heart forgive others their offences.

Matt. 6:12; Rom. 3:9-22; Matt. 18:24-25; Ps. 130:3-4; Rom. 3:24-26; Heb. 9:22; Eph. 1:6-7; 2 Pet. 1:2; Hos. 14:2; Jer. 14:7; Rom. 15:13; Ps. 51:7-10, 12; Luke 11:4; Matt. 6:14-15; Matt. 18:35

문 194. 다섯째 간구에서 우리는 무엇을 위해 기도하는가?

답. 다섯째 간구("우리가 우리에게 죄 지은 자를 사하여 준 것 같이 우리 죄를 사하여 주시옵고"[1])에서 우리는 우리와 다른 모든 사람들이 원죄와 자범죄의 죄책이 있기에 하나님의 공의에 빚진 자가 되었으며, 우리나 다른 어떤 피조물이라도 그 빚을 조금도 갚을 수 없음을 인정하면서,[2] 우리는 자신과 다른 사람들을 위하여 기도하기를 그의 은혜를 값없이 주시는 하나님께서 믿음으로 이해되고 적용되는 그리스도의 순종과 속죄를 통하여 죄로 인한 죄책과 형벌로부터 우리를 사면해 주시기를 기도하며[3] 그의 사랑하시는 자(그리스도) 안에서 우리를 받아 주시며[4] 우리에게 계속해서 총애와 은혜를 베풀어 주실 것과[5] 우리가 매일 범하는 실수를 용서하시고[6] 죄사함에 대한 확신을 날마다 더해 주셔서 우리를 평화와 기쁨으로 채워 주시기를 기도한다.[7] 다른 사람들이 우리에게 지은 죄들을 마음으로부터 용서한다는 고백이 우리에게 있을 때 우리는 이 모든 간구를 하는데 상당히 담대하게 되고 기대할 용기가 생긴다.[8]

1) 마 6:12 2) 롬 3:9–22; 마 18:24–25; 시 130:3–4
3) 롬 3:24–26; 히 9:22 4) 엡 1:6–7 5) 벧후 1:2 6) 호 14:2; 렘 14:7
7) 롬 15:13; 시 51:7–10, 12 8) 눅 11:4; 마 6:14–15; 마 18:35

Q 195. What do we pray for in the sixth petition?

A. In the sixth petition, (which is, And lead us not into temptation, but deliver us from evil,) acknowledging that the most wise, righteous, and gracious God, for divers holy and just ends, may so order things that we may be assaulted, foiled, and for a time led captive by temptations; that Satan, the world, and the flesh, are ready powerfully to draw us aside and ensnare us; and that we, even after the pardon of our sins, by reason of our corruption, weakness, and want of watchfulness, are not only subject to be tempted, and forward to expose ourselves unto temptations; but also of ourselves unable and unwilling to resist them, to recover out of them, and to improve them; and worthy to be left under the power of them: we pray, that God would so overrule the world and all in it, subdue the flesh, and restrain Satan, order all things, bestow and bless all means of grace, and quicken us to watchfulness in the use of them, that we and all his people may by his providence be kept from being tempted to sin; or, if tempted, that by his Spirit we may be powerfully supported and enabled to stand in the hour of temptation; or when fallen, raised again and recovered out of it, and have a sanctified use and improvement thereof: that our sanctification and salvation may be perfected, Satan trodden under our feet, and we fully freed from sin, temptation, and all evil for ever.

Matt. 6:13; 2Chr. 32:31; 1Chr. 21:1; Luke 21:34; Mark 4:19; Jas. 1:14; Gal. 5:17; Matt. 26:41; Matt. 26:69-72; Gal. 2:11-14; 2Chr. 18:3; 2Chr. 19:2; Rom. 7:23-24; 1Chr. 21:1-4; 2Chr. 16:7-10; Ps. 81:11-12; John 17:15;

문 195. 여섯째 간구에서 우리는 무엇을 위해 기도하는가?

답. 여섯째 간구("우리를 시험에 들게 하지 마시옵고 다만 악에서 구하시옵소서"[1])에서 우리는 가장 지혜로우시며 의로우시며 은혜로우신 하나님께서 여러가지 거룩하고 정당한 목적을 위해 우리가 공격받고 좌절당하고 잠시동안 유혹에 사로잡히도록 여러 일들을 그렇게 명령하실 수 있으며,[2] 사탄과[3] 세상과[4] 육신이 우리를 탈선시키고 옭아매려고 강력하게 준비하고 있으며,[5] 죄사함을 받은 후에도 우리의 부패함과[6] 연약함과 방심함으로[7] 인해 우리는 유혹 받기 쉽고 우리 자신을 유혹에 노출시킬 수 있을 뿐 아니라[8] 우리 스스로는 유혹을 저항하거나 벗어나거나 극복할 능력도 의지도 없으며,[9] 유혹의 권세 아래 버려져야 마땅하다는 것을 인정하면서,[10] 우리는 하나님께서 세상과 그 안의 모든 만물을 다스리시고[11] 육신을 복종시키시고[12] 사탄을 제어하시며[13] 만물을 명하시고[14] 모든 은혜의 수단을 베푸시고 복 주시며[15] 그 수단들을 주의하여 사용할 수 있도록 우리를 소생시키시기를 기도하며, 우리와 그의 모든 백성들이 그의 섭리로 말미암아 시험에 들어 죄를 짓지 않게 해 주시기를 기도하며,[16] 만일 시험을 받으면 시험 당할 때에 그의 성령으로 말미암아 우리가 굳건히 보호받아 능히 바로 설 수 있기를 기도하며,[17] 혹시 넘어지면 다시 일으킴을 받아 그로부터 회복됨으로[18] 그 경험을 거룩하게 사용하며 성장할 수 있기를 기도하며,[19] 우리의 성화와 구원이 완성되고[20] 사탄이 우리 발 아래 짓밟히고[21] 영원히 죄와 시험과 모든 악에서 우리가 완전히 자유롭게 되기를 기도한다.[22]

1) 마 6:13 2) 대하 32:31 3) 대상 21:1 4) 눅 21:34; 막 4:19
5) 약 1:14 6) 갈 5:17 7) 마 26:41

Ps. 51:10; Ps. 119:133; 2Cor. 12:7-8; 1Cor. 10:12-13; Heb. 13:20-21;
Matt. 26:41; Ps. 19:13; Eph. 3:14-17; 1Thess. 3:13; Jude 1:24; Ps. 51:12;
1Pet. 5:8-10; 2Cor. 13:7, 9; Rom. 16:20; Zech. 3:2; Luke 12:31-32;
John 17:15; 1Thess. 5:23

Q. 196. What doth the conclusion of the Lord's Prayer teach us?

A. The conclusion of the Lord's Prayer, (which is, For thine is the kingdom, and the power, and the glory, for ever. Amen.) teacheth us to enforce our petitions with arguments, which are to be taken, not from any worthiness in ourselves, or in any other creature, but from God: and with our prayers to join praises, ascribing to God alone eternal sovereignty, omnipotency, and glorious excellency; in regard whereof, as he is able and willing to help us, so we by faith are emboldened to plead with him that he would, and quietly to rely upon him, that he will fulfill our requests. And, to testify this our desire and assurance, we say, Amen.

Matt. 6:13; Rom. 15:30; Dan. 9:4, 7-9, 16-19; Phil. 4:6; 1Chr. 29:10-13;
Eph. 3:20-21; Luke 11:13; 2Chr. 20:6, 11; 2Chr. 14:11; 1Cor. 14:16;
Rev. 22:20-21

8) 마 26:69–72; 갈 2:11–14; 대하 18:3; 대하 19:2

9) 롬 7:23–24; 대상 21:1–4; 대하 16:7–10 10) 시 81:11–12

11) 요 17:15 12) 시 51:10; 시 119:133 13) 고후 12:7–8

14) 고전 10:12–13 15) 히 13:20–21 16) 마 26:41; 시 19:13

17) 엡 3:14–17; 살전 3:13; 유 1:24 18) 시 51:12 19) 벧전 5:8–10

20) 고후 13:7, 9 21) 롬 16:20; 슥 3:2; 눅 12:31–32

22) 요 17:15; 살전 5:23

문 196. 주기도문의 결론은 우리에게 무엇을 가르치는가?

답. 주기도문의 결론("나라와 권세와 영광이 아버지께 영원히 있사옵나이다. 아멘"[1])이 우리에게 가르치는 바는 우리나 다른 어떤 피조물 안에 있는 가치에 근거한 논리가 아닌 오직 하나님으로 말미암은 논리로[3] 우리의 간구를 강화해야 한다는 것이다.[2] 그리고 우리의 기도로 오직 하나님 한 분께만 영원한 주권과 전능하심과 영광스러운 탁월하심을 돌리며[5] 찬양하는 데 참여해야 함을 가르친다.[4] 이 점을 생각하면서 우리는 하나님께서 우리를 도우실 수 있고 기꺼이 돕고자 하시는 분이시기에[6] 하나님께서 도와주실 것을 믿음을 가지고 담대하게 간청할 수 있고[7] 그가 우리의 간구를 이루어 주시기를 잠잠히 신뢰해야 한다.[8] 그리고 이것이 우리의 소원이고 확신임을 증언하기 위해 우리는 "아멘"이라고 말한다.[9]

1) 마 6:13 2) 롬 15:30 3) 단 9:4, 7–9, 16–19 4) 빌 4:6

5) 대상 29:10–13 6) 엡 3:20–21; 눅 11:13 7) 대하 20:6, 11

8) 대하 14:11 9) 고전 14:16; 계 22:20–21

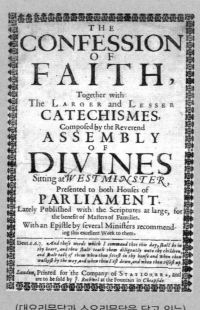

THE
CONFESSION
OF
FAITH,
Together with
The LARGER and LESSER
CATECHISMES,
Composed by the Reverend
ASSEMBLY
OF
DIVINES
Sitting at *WESTMINSTER*,
Presented to both Houses of
PARLIAMENT.
Lately Published with the Scriptures at large, for
the benefit of Masters of Families.
With an Epistle by several Ministers recommend-
ing this excellent Work to them.

Deut. 6. 6. 7. *And these words which I command thee this day, shall be in
thy heart, and thou shalt teach them diligently unto thy children
and shalt talk of them when thou sittest in thy house and when thou
walkest by the way, and when thou lyest down, and when thou risest up.*

London, Printed for the Company of STATIONERS, and
are to be sold by *J. Rothwel* at the Fountain in *Cheapside.*

(대요리문답과 소요리문답을 담고 있는)
웨스트민스터 신앙고백서 표지